"一带一路"列国人物传系

黑山6人传
高山之国

唐　迪◎编著

五洲传播出版社·北京
China Intercontinental Press

图书在版编目（ＣＩＰ）数据

黑山6人传：高山之国 / 唐迪编著. –– 北京：五
洲传播出版社, 2024.5
ISBN 978-7-5085-5197-5

Ⅰ. ①黑… Ⅱ. ①唐… Ⅲ. ①黑山共和国—概况
Ⅳ. ①K955.52

中国国家版本馆CIP数据核字(2024)第068937号

黑山6人传：高山之国

编　　著：唐　迪
出 版 人：关　宏
责任编辑：梁　媛　侯琴雅
装帧设计：山谷有鱼
出版发行：五洲传播出版社
地　　址：北京市海淀区北三环中路31号生产力大楼B座6层
邮　　编：100088
发行电话：010-82005927，010-82007837
网　　址：http://www.cicc.org.cn，http://www.thatsbooks.com
印　　刷：北京市房山腾龙印刷厂
版　　次：2024年5月第1版第1次印刷
开　　本：32开
印　　张：6.75
字　　数：95千
定　　价：49.80元

《"一带一路"列国人物传系》编辑委员会

总　序
群星闪耀"一带一路"

"2100多年前，中国汉代的张骞肩负和平友好使命，两次出使中亚，开启了中国同中亚各国友好交往的大门，开辟出一条横贯东西、连接欧亚的丝绸之路。"[1]2013年9月7日，中国国家主席习近平在哈萨克斯坦纳扎尔巴耶夫大学发表演讲，以博古通今的睿智对大学生们娓娓道来丝绸之路古老而年轻的故事。

"我的家乡陕西，就位于古丝绸之路的起点。站在这里，回首历史，我仿佛听到了山间回荡的声声驼铃，看到了大漠飘飞的袅袅孤烟。这一切，让我感到十分亲切。哈萨克

---

[1]《习近平谈治国理政》，外文出版社，2014年10月第1版，第287页。

斯坦这片土地，是古丝绸之路经过的地方，曾经为沟通东西方文明，促进不同民族、不同文化相互交流和合作作出过重要贡献。东西方使节、商队、游客、学者、工匠川流不息，沿途各国互通有无、互学互鉴，共同推动了人类文明进步。""不同种族、不同信仰、不同文化背景的国家完全可以共享和平，共同发展。这是古丝绸之路留给我们的宝贵启示。""为了使我们欧亚各国经济联系更加紧密、相互合作更加深入、发展空间更加广阔，我们可以用创新的合作模式，共同建设'丝绸之路经济带'。"[1] 推己及人，高瞻远瞩，引领时代，习主席在阿斯塔纳[2]通过哈萨克斯坦人民，首次向世界发出了让古老的丝路精神再次焕发青春和光彩的时代宣言。

2013 年 10 月 3 日，习主席在印度尼西亚国会发表了题为《共同建设二十一世纪"海上丝绸之路"》的演讲："东南亚地区自古以来就是'海上丝绸之路'的重要枢纽，中

---

[1]《习近平谈治国理政》，外文出版社，2014年10月第1版，第287、288、289页。

[2]哈萨克斯坦新首都名称。

国愿同东盟国家加强海上合作，使用好中国政府设立的中国—东盟海上合作基金，发展好海洋合作伙伴关系，共同建设 21 世纪'海上丝绸之路'"，"发挥各自优势，实现多元共生、包容共进，共同造福于本地区人民和世界各国人民"。[1] 这个倡议和 9 月 7 日的演讲异曲同工、遥相呼应、互为映衬，完整地提出了"丝绸之路经济带"和"21 世纪海上丝绸之路"的宏伟构想。

从广袤的亚欧腹地哈萨克斯坦到风光旖旎的印度尼西亚，习主席提出的"丝绸之路经济带"和"21 世纪海上丝绸之路"吸引了世界各国的目光。从 2013 年 9 月至 2016 年 8 月，习近平主席出访 37 个国家（亚洲 18 国、欧洲 9 国、非洲 3 国、拉美 4 国、大洋洲 3 国），对"一带一路"倡议的总体框架和基本内涵作了充分阐述。和平合作、开放包容、互学互鉴、互利共赢的丝路精神，共商、共建、共享的合作理念，驱散了"去全球化"的阴霾，为增长低迷的世界

---

[1]《习近平谈治国理政》，外文出版社，2014 年 10 月第 1 版，第 293、295 页。

经济注入新的动能。各国纷纷将本国经济发展与中国政府制定的《推动共建丝绸之路经济带和21世纪海上丝绸之路的愿景与行动》规划相衔接。"一带一路"倡导的政策沟通、设施联通、贸易畅通、资金融通、民心相通等"五通"，正在以基础设施、经贸合作、产业投资、能源资源、金融支撑、人文交流、生态环保、海洋合作等为载体和依托，在全球掀起了投资兴业、互联互通、技术创新、产能合作的新势头。2016年中国牵头成立有57个成员国加入的亚洲基础设施投资银行（AIIB），2017年3月23日迎来13个新伙伴。孟加拉配电系统升级扩容项目、印尼全国棚户区改造项目、巴基斯坦国家高速公路项目和塔吉克斯坦杜尚别至乌兹别克斯坦道路改造项目已经获得亚投行金融支持，共商共建成为现实。

"一带一路"倡议得到国际社会的热烈响应。2016年11月17日，第71届联合国大会193个成员国一致赞同，通过了第A/71/9号决议，欢迎"一带一路"倡议，敦促各国通过参与"一带一路"，呼吁国际社会为开展"一带一路"建设提供安全保障环境。2017年3月17日，联合国安理会全票赞成，一致通过第 2344 号决议，呼吁国际社会凝聚援助阿富汗共识，通过"一带一路"建设等加强区域经济合作，敦促各方为"一带一路"建设提供安全保障环境。

2017 年 1 月，习近平主席在联合国日内瓦总部发表题为《共同构建人类命运共同体》的重要演讲，全面深入系统阐述人类命运共同体重大理念，在国际上引起热烈反响，受到各方普遍欢迎和高度评价。3 月 23 日，联合国人权理事会第 34 次会议通过关于"经济、社会、文化权利"和"粮食权"两个决议，决议明确表示要通过"一带一路"建设"构建人类命运共同体"。这是人类命运共同体重大理念首次载入人权理事会决议，标志着这一理念成为国际人权话语体系的重要组成部分。2017 年 5 月，北京喜迎来自"一带一路"相关国家的元首、政府首脑、前政要，以及国际组织负责人，还有专家学者和知名企业家等各界代表上千人，出席"'一带一路'国际合作高峰论坛"，共商沿线各国之合作共赢大计。

"一带一路"不是中国的独角戏，是与亚、欧、非洲及世界各国共同奏响的交响乐。中国恪守联合国宪章的宗旨和原则，坚持开放合作、和谐包容、政策沟通，培育政治互信，建立合作共识，协调发展战略、促进贸易便利化及多边合作体制机制。中国携手100多个国家和地区，依托国际大通道，以陆上沿线中心城市为支撑，以重点经贸产业园区为合作平台，共同打造新亚欧大陆桥、中蒙俄、中国—中亚—西亚、中巴、孟中印缅、中国—中南半岛等国际经济合作走廊进展顺利，中欧班列在贸易畅通上动力强劲，风景亮丽；以海上重点港口为节点，共同建设通畅安全高效的运输通道，实现陆海路径的紧密关联和合作，太平洋、印度洋、大西洋上巨轮往来频繁，不亦乐乎。亚太经合组织、亚欧会议、大湄公河次区域合作等有关决议或文件，都体现了"一带一路"建设内容。丝路基金、开发性金融、供应链金融汇聚全球财富，建设绿色、健康、智慧与和平的丝绸之路，增进各国民众福祉。

"一带一路"是人类历史上从未有过的恢宏蓝图，也是横跨亚非欧连接世界各国的暖心红线。"丝绸之路经济带"包括中国经中亚、俄罗斯至欧洲（波罗的海），中国经中亚、西亚至波斯湾、地中海，中国至东南亚、南亚、印度洋；

"21世纪海上丝绸之路"包括从中国沿海港口过南海到印度洋再延伸至欧洲和到南太平洋。一路驼铃声声、舟楫相望、互通有无、友好交往。

在新的时代，在创新古丝路精神的伟大进程中，习主席专门缅怀丝路开拓者，特意致敬古丝路精神奠基人："我们的祖先在大漠戈壁上'驰命走驿，不绝于时月'，在汪洋大海中'云帆高张，昼夜星驰'，走在了古代世界各民族友好交往的前列。甘英、郑和、伊本·白图泰是我们熟悉的中阿交流友好使者。丝绸之路把中国的造纸术、火药、印刷术、指南针经阿拉伯地区传播到欧洲，又把阿拉伯的天文、历法、医药介绍到中国，在文明交流互鉴史上写下了重要篇章。千百年来，丝绸之路承载的和平合作、开放包容、互学互鉴、互利共赢精神薪火相传。"[1]这种吃水不忘挖井人的情怀，再次展现了中华民族不忘历史、纪念先贤、展望未来的优秀文化基因，也为中国传记文学学会参加"一带一路"建设指明了方向和道路。

---

[1] 习近平：《弘扬丝路精神 深化中阿合作——在中阿合作论坛第六届部长级会议开幕式上的讲话》，《人民日报》2014年6月6日第2版。

在古老的丝绸之路上，我们不曾相忘：张骞出使西域到过的哈萨克斯坦，山高水长的好邻居巴基斯坦，双头鹰下横跨欧亚之国俄罗斯，草原之国蒙古，喜马拉雅浮世天堂尼泊尔，菩提恒河保佑之国印度，文化瑰宝伊朗，首创法典之国伊拉克，红海门户之国也门，石油王国沙特阿拉伯，波斯湾明珠巴林，雪松之国黎巴嫩，海湾之秀科威特，沙漠之巅阿联酋，半岛明珠之国卡塔尔，波斯湾霍尔木兹海峡守门人阿曼，万湖之国白俄罗斯，欧亚十字路口土耳其，流着奶和蜜之地以色列，欧洲粮仓乌克兰，亚平宁半岛上的文化巅峰意大利，阿尔卑斯之巅的瑞士，玫瑰之国保加利亚，与灵魂对话的思辨之国德意志，欧洲文化殿堂法兰西，欧洲客厅比利时，郁金香之国荷兰，热情如火的西班牙，还有绅士国度英国，北非金字塔之国埃及，非洲屋脊奉马蹄莲为国花的埃塞俄比亚，香草大岛之国马达加斯加，等等。

沿着海上丝绸之路，我们会领略丛林花园之国马来西亚，花园国度新加坡，千岛之国菲律宾，赤道翡翠之国印度尼西亚；沿澜沧江一路南下，我们不曾相忘澜湄泽润之国越南，千佛之国泰国，高棉的微笑之国柬埔寨，万象之都老挝，印度洋上明珠之国斯里兰卡，印度洋上的明星和钥匙毛里求斯，堆金积玉之国文莱，追求自由之国东帝汶，印度洋世外桃源马尔代夫，骑在羊背上的国家澳大利亚，上帝的后花园新西兰，等等。

"一带一路"沿线国家里，那些千百年来影响了人类与国家、民族命运并与中国曾经有过交往的古今人物，至今还能在教科书、影视剧里看到他们，还能感受到他们在一代一代年轻人身上所生发的影响和魅力。

当然，对于中国人来说，更为熟悉的是丝绸之路的开拓者。曾记否？丝绸之路开拓者中，有汉武帝和他的使节们，有首开大唐盛世的唐太宗及其无数臣民，有再续睦邻通商航海路的宋祖朝廷和无数先贤，还有金戈铁马风漫卷的元代人物，一统江山万里帆的明代人物，环球凉热自清浊的清代人物，东西碰撞溅火花的近代人物，经受风雨变迁、勇立海国之志的现代人物，更有丝路明珠敦煌莫高窟的守护者，卫国助邻的将军和通司中外的外交家们。当然，数风流人物，还看今朝，我们不能不浓墨重彩地讴歌那些智通商海，投身到新丝路建设中的当代人物。

　　耕云播雨，香火延续，智慧传承，历史再续！2100多年的友好交往历史从未隔断，惠及三大洲的中西交通从未停歇，21世纪的“中国梦”和“世界梦”汇成了人类命运共同体的时代和弦，响彻在“一带一路”辽阔的长空。也正因如此，在2023年的金秋时节，习近平主席同来自五洲四海的新老朋友相聚北京，共同出席第三届“一带一路”国际合作高峰论坛。世界的目光再次聚焦北京、聚焦中国。10年来，在各方的共同努力下，共建“一带一路”从中国倡议走向国际实践，从理念转化为行动，从愿景转变为现实，从谋篇布局的“大写意”到精耕细作的“工笔画”，取得实打实、沉甸甸的成就，成为深受欢迎的国际公共产品和国际合作平台。“一带一路”合作从亚欧大陆延伸到非洲和拉美，150多个国家、30多个国际组织签署共建“一带一路”合作文件，举办3届“一带一路”国际合作高峰论坛，成立了20多个专业领域多边合作平台。[1]这是中华

---

［1］习近平在第三届“一带一路”国际合作高峰论坛开幕式上的主旨演讲（全文），2023年10月18日，https://baijiahao.baidu.com/s?id=178006481 5242319182&wfr=spider&for=pc。

民族和世界历史上都应该铭记的大日子。

"一带一路"沿线国家拥有各自悠久的历史和丰富的文化传统，从古到今，涌现出了许多令人钦佩的人物，他们的成就在促进不同文化之间的民心相通方面发挥了重要作用，他们的贡献有助于加深各国人民之间的理解和合作。以人物传记写作为己任的中国传记文学学会，在"一带一路"倡议实施中，肩负"讲好'一带一路'民心相通好故事"的使命和责任，这也是国家赋予我们的根本职责和任务。在中国文学艺术界联合会的领导下，在中国社会科学院国家全球战略智库指导下，中国传记文学学会以赤诚的家国情怀、强烈的时代精神、为人物传记的责任担当，在认真调研、周密谋划、精心组织基础上，毅然决定倾注全力组织编写、筹资出版"'一带一路'列国人物传系"。此皇皇百卷传系讲述近千名各国卓越人物故事，集数百位专家作家尽心挥毫，冬去春来，夜以继日……幸得各界人士倾力赞助，又得中国出版集团公司华文出版社、当代世界出版社、五洲传播出版社出版发行。于是，各位读者得以读到手中的这套活泼而不失厚重、有趣而不失学养的列国人物合传书卷。

孔子曰："仁者，人也。"让各国的先贤智者的思想光辉，照亮我们探索人类未来的道路。

传记明志，落笔为文，是为总序。

中国传记文学学会会长

"'一带一路'列国人物传系"编委会主任

王丽 博士

2023 年 10 月 18 日

Introduction: The Star-studded "Belt and Road"

On September 7, 2013, Chinese President Xi Jinping delivered a speech at Kazakhstan's Nazarbayev University, telling college students the ancient yet up to date stories of the Silk Road with well-versed wisdom.

"More than 2,100 years ago during the Han Dynasty (206 BC-220AD), a Chinese envoy named Zhang Qian was sent to Central Asia twice on missions of peace and friendship. His journeys opened the door to friendly contacts between China and Central Asian countries, and started the Silk Road linking east and west, Asia and Europe.

Shaanxi, my home province, is right at the starting point of the ancient Silk Road. Today, as I stand here and look back at that history, I seem to hear the camel bells echoing in the mountains and see the wisp of smoke rising from the desert, and this gives me a specially good feeling.

Kazakhstan, located on the ancient Silk Road, has made an important contribution to the exchanges between the Eastern and Western civilizations and the interactions and cooperation between various nations and cultures. This land has borne witness to a steady stream of envoys, caravans, travelers, scholars and artisans traveling between the East and the West. The exchanges and mutual learning thus made possible promoted the progress of human civilization." [1]

"Countries of different races, beliefs and cultural backgrounds are fully able to share peace and development. This is the valuable inspiration we have drawn from the ancient Silk Road," [2] and "to forge closer economic ties, deepen cooperation and expand

---

[1] *Xi Jinping: The Governance of China.* 1st ed., Foreign Languages Press, Beijing, October 2014, p.311.

[2] *Xi Jinping: The Governance of China.* 1st ed., Foreign Languages Press, Beijing, October 2014, p.312.

development space in the Eurasian region, we should take an innovative approach and jointly build an economic belt along the Silk Road." [1]

With caring, vision and leadership, through the people of Kazakhstan in Astana, President Xi Jinping, for the first time, has made a declaration to the world that would rejuvenate the spirit of the ancient Silk Road.

On October 3, 2013, President Xi Jinping gave a speech titled "Work Together to Build a 21st-century Maritime Silk Road" at the People' s Representative Council of Indonesia.

"Southeast Asia has since ancient times been an important hub along the ancient Maritime Silk Road. China will strengthen maritime cooperation with the ASEAN countries, and the China-ASEAN Maritime Cooperation Fund set up by the Chinese government should be used to develop maritime partnership in a joint effort to build the 'Maritime Silk Road' of the 21st century." [2] And "the two

---

[1] *Xi Jinping: The Governance of China.* 1st ed., Foreign Languages Press, Beijing, October 2014, p.313.

[2] *Xi Jinping: The Governance of China.* 1st ed., Foreign Languages Press, Beijing, October 2014, p.317.

sides need to give full rein to our respective strengths to enhance diversity, harmony, inclusiveness and common progress in our region for the benefit of both our people and the people outside the region." [1]

This initiative and the speech on September 7 both express the same idea and echo with each other, completing a grand vision of the "Silk Road Economic Belt" and the "21st Century Maritime Silk Road".

From Kazakhstan in the vast Eurasian hinterland to the beautiful scenery of Indonesia, Xi Jinping's proposed "Silk Road Economic Belt" and "21st Century Maritime Silk Road" have attracted the attention of countries all over the world. From September 2013 to August 2016, Xi visited 37 countries (18 in Asia, 9 in Europe, 3 in Africa, 4 in Latin America and 3 in Oceania), and fully elaborated on the overall framework and basic connotation of the "Belt and Road" initiative. The Silk Road spirit

---

[1] *Xi Jinping: The Governance of China*. 1st ed., Foreign Languages Press, Beijing, October 2014, p.319.

of peace and cooperation, openness and inclusiveness, mutual learning, and mutual benefit, combined with the idea that projects should be jointly built through consultation to meet the interests of all, dispels the haze of "de-globalization" and injects new kinetic energy into the sluggish growth of the world economy. Many countries have linked up their own economic development to the "Vision and proposed actions outlined on jointly building Silk Road Economic Belt and 21st- Century Maritime Silk Road" proposed by the Chinese government.

The "Belt and Road" initiative advocates policy coordination, facilities connectivity, unimpeded trade, financial integration, and people-to-people bond. With the emphasis on infrastructure build-up, economic and trade cooperation, industrial investment, energy resources development, financial support, people-to-people exchanges, ecological environmental protection, and marine cooperation, the initiative has set off a new momentum in investment, trade activity, technological innovation, and production capacity cooperation in the world. In 2016, China led the establishment of the Asian Infrastructure Investment Bank (AIIB), which was joined by 57 member states. As of June 26, 2018, after six expansions, the total number of members increased to 87, and 28 projects had been carried out in 13 countries. The Bangladesh Power Distribution System Upgrade Expansion Project, the Indonesia National Shanty Town Transformation Project, the Pakistan National Highway Project and the Tajikistan Dushanbe-Uzbekistan Border Road Improvement Project have received financial support from the AIIB. The idea of joint project implementation through consultation to meet the interests of all has since turned into reality .

The "Belt and Road" initiative has drawn strong and positive feedback from the international community. On November 17, 2016, the 71st session of the 193 members of the United Nations General Assembly unanimously endorsed the adoption of resolution A/71/9 to welcome the "Belt and Road" proposal, encouraging all of its member states to boost economic development of Afghanistan and the region through participation in the proposed project. In addition, it called on the international community to provide a safe and secure environment for the implementation of the initiative. On March 17, 2017, the United Nations Security Council voted unanimously to adopt resolution NO. 2344, and called on the international community to rally assistance to Afghanistan, and strengthen regional economic cooperation through the "Belt and Road" initiative, etc. It also urged all parties to provide a safe and secured environment for carrying out the program.

In January 2017, President Xi Jinping delivered a keynote speech at the United Nations Office at Geneva titled "Work Together to Build a Community of Shared Future for Mankind", comprehensively and systematically elucidated the fundamental idea of a community with a shared future for mankind, which echoed enthusiastically in the international community and was widely welcomed and highly applauded by many countries, organizations and political parties. At its 34th meeting, on March 23, the United Nations Human Rights Council adopted two resolutions on "economic, social and cultural rights" and "the right to food", which clearly stated the need to "build a community with a shared future for mankind". This is the first time the landmark concept of a community with a shared future for mankind has been incorporated into a UN Human Rights Council resolution, and it has become an important part of the international human rights discourse system.

The "Belt and Road" is not a solo play by China only, but a symphony played in concert with Asia, Europe, Africa and countries around the world. China abides by the purposes and principles of the UN Charter, advocates openness and cooperation, espouses harmony and inclusiveness, supports policy coordination, fosters political mutual trust, builds consensus on cooperation, coordinates development strategies and promotes trade facilitation and the institutional mechanisms of multilateral cooperation. China has joined hands with more than 100 countries and regions to co- create a new Eurasian continental bridge. This has been accomplished by taking advantage of international transport routes that are supportive of the central cities along the "Belt and Road", and building key economic and trade industrial parks as a platform for cooperation. China-Mongolia-Russia, China-Central Asia-West Asia, China-Pakistan, Bangladesh-China-India-Myanmar, China-Indochina Peninsula and other international economic cooperation corridors are progressing smoothly. China Railway Express accentuates trade and shipping overland between China and Europe with a bright future. Meanwhile, key sea ports also serve as the nodes to jointly build a smooth, safe and efficient transportation network, and hence enables a close connection between land and sea routes. Together with the overland cargo train transportation, the frequent cargo ships sailing on the Pacific, Indian and Atlantic Oceans poses an amazing picture. In summary, the relevant resolutions or documents of the Asia-Pacific Economic Cooperation, the Asia-Europe Meeting, and the Greater Mekong Subregion Economic Cooperation program all embody the "Belt and Road" initiative. By bringing together the world's wealth, Silk Road Fund, development finance, and supply chain finance strive to build a green, healthy, intelligent and peaceful Silk Road, and enhance the well-being of people around the globe.

The "Belt and Road" is a grand blueprint that has never been seen in human history. It is also a warm heart line that connects Asia, Africa and Europe to countries around the world. The Silk Road Economic Belt includes China via Central Asia, Russia to Europe (Baltic Sea), China via Central Asia, West Asia to the Persian Gulf, the Mediterranean Sea, China to Southeast Asia, South Asia, and the Indian Ocean; the 21st Century Maritime Silk Road includes from China's coastal ports to the South China Sea as well as the Indian Ocean that extends to Europe and the South Pacific. Friendly exchanges among countries are just a camel-ride and a boat trip away from each other.

In this new era and the great course of renovating the spirit of the ancient Silk Road, President Xi Jinping dedicated to cherish the pioneers of the Silk Road and particularly pay tribute to the founders of the spirit of the ancient Silk Road:

"In ancient times, our ancestors struggled through deserts and sailed in boundless seas to transport Chinese products to countries overseas, taking a lead in international friendly contact. Along that path, Kan Ying, Zheng He and Ibn Battuta were all known as envoys of this China-Arab friendship. Through the Silk Road, Chinese inventions like paper-making, gunpowder, printing and the magnetic compass were spread to Europe, and Arabic conceptions like astronomy, the calendar and medicine were introduced to China.

For hundreds of years, the spirit that the Silk Road bears, namely, peace and cooperation, openness and inclusiveness, mutual learning, mutual benefits and win-win results, has lived on through generations." [1]

There is a Chinese saying that when you drink the water, think of those who dug the well. The implication that the Chinese people never forget history is clearly demonstrated in our excellent

[1] Xi Jinping, "Promoting the Silk Road Spirit and Deepening China-Arab Cooperation." Key Note Speech at the Opening Ceremony of the 6th Ministerial Meeting of the China-Arab States Cooperation Forum, section one, People's Daily, June 6, 2014.

cultural tradition of commemorating the sages and at the same time looking forward to the future. It also points out the direction and path for the Chinese Biographical Literature Society to participate in the "Belt and Road" initiative.

On the ancient Silk Road, we have never forgotten Zhang Qian's twice diplomatic missions to the western regions in Han Dynasty that include Kazakhstan, the good neighbor Pakistan with high mountains and beautiful rivers, the double-headed eagle across Eurasian country Russia, grassland country Mongolia, Himalaya floating paradise Nepal, Bodhi Ganges blessed country India, cultural treasure Iran, the first Codex System member country Iraq, Red Sea gateway Yemen, oil kingdom Saudi Arabia, the Persian Gulf pearl Bahrain, cedar country Lebanon, Gulf Star Kuwait, desert peak UAE, the Peninsula pearl Qatar, and Oman—the gatekeeper of Hormuz Strait at Persian Gulf, thousand-lake country Belarus, Turkey at the Eurasian crossroads, Israel—a land flowing with milk and honey, Ukraine of European granary, Italy—the cultural pinnacle of Apennines, Switzerland at the top of Alpine, rose country Bulgaria, and Germany, a nation famous for great thinkers, France, the center of the European culture, the welcoming and comfortable Belgium, tulip country Netherlands, the warm and sunny Spain, as well as the elegant Britain, pyramid country Egypt in North Africa, Ethiopia on the roof of Africa with the national flower of calla lily, the great Vanilla Island country Madagascar, and so on.

Along the Maritime Silk Road, we will come across Malaysia, the country of jungle gardens, garden country Singapore, the Thousand Islands country Philippines, and Indonesia, an emerald on the equator line. Down the Lancang-Mekong River all the way south, we will experience Vietnam whose land moistened by the Lancang-Mekong River, Thailand, the country of thousand Buddhas, the smiling country of Khmer Cambodia, and Laos, the "Land of a Million Elephants". On the Indian Ocean, we will also see the ocean pearl Sri Lanka, the ocean star Mauritius, the rich and abundant Brunei, the freedom seeker East Timor, the idyllic Maldives, and Australia, a country on the back of the sheep, New

Zealand, the back garden of God, and so on.

In the countries along the Belt and Road, those ancient and modern figures who have influenced the destiny of mankind, countries and nations for thousands of years and had dealings with China are still seen in today's textbooks, movies and television dramas. Their influence and charm are still felt by generations of young people.

Certainly, for the Chinese people, we are more familiar with the pioneers of the Silk Road. Have we ever remembered? Among the trail blazers of the Silk Road were Emperor Wu of Han Dynasty and his envoys, Emperor Li Shimin, the co-founder of the Tang Dynasty that epitomized a golden age and his countless subjects, the Song imperial court and numerous sages who continued good-neighbor practice and friendly maritime navigation, as well as the Yuan Dynasty warriors who led armored cavalry with shining spears, the Ming Dynasty figures who unified the country, and the Qing Dynasty characters who maintained a clear mind during global turmoil, as well as the modern individuals who, by learning from both the west and the east in a time of rapid change, had the courage to build a sea power nation. There were also the guardians of Dunhuang Mogao Grottoes known as the Silk Road Pearl, the generals who safeguarded the country and helped the neighbors, and the diplomats who convey information and messages between China and foreign countries. Without a doubt, it is our current era that features true heroes. We can not praise highly enough the contemporary people who have been plunging themselves into the development of the new Silk Road.

Hard work pays off, family line continues, wisdom passes on, and history pushes forward! The history of friendly exchanges and traffic between China and the West, which benefits the four continents, for more than 2,100 years has been nonstop. The "Chinese Dream" and "World Dream" in the 21st century have become the chord of our time for humanity's shared future, resounding on the "Belt, and Road." For this reason, in May 2017, Beijing welcomed thousands of leaders from all walks of life, including heads of government, former eminent statesmen, well-known entrepreneurs, distinguished experts and scholars from the "Belt and Road" countries, as well as leaders of international organizations to attend the "International Cooperation Summit Forum." This grand event of "Thousands of people's meeting" shared "solidarity, mutual trust, equality, inclusiveness, mutual learning and win-win cooperation" [1] and exchanged views on this "great undertaking benefiting of the people of all countries along the route." [2] This is a big day that should be remembered in the history of the Chinese nation and the world.

In the implementation of the "Belt and Road" initiative, the Chinese Biographical Literature Society that devotes to biography writing, takes as its the mission "telling the good stories" of the "Belt and Road", which is also the responsibilities entrusted to us

---

[1] Xi Jinping, *Promote Friendship between Our People and Work Together to Build a Bright Future*, Keynote speech at Nazarbayev University in Kazakhstan, September 7, 2013.

[2] Xi Jinping, *Promote Friendship between Our People and Work Together to Build a Bright Future*, Keynote speech at Nazarbayev University in Kazakhstan, September 7, 2013.

by the state.

Under the leadership of the China Federation of Literary and Art Circles and the guidance of the National Global Strategic Think Tank of the Chinese Academy of Social Sciences, the Chinese Biographical Literature Society, with its love for the family and the nation, a keen spirit of the age and the responsibility of writing decent biographies, by careful research, thorough planning and thoughtful organization, made an unwavering decision to devote itself to organizing and publishing the "The Legend of the People along the Belt and Road nations". These brilliant volumes of biographies tell the stories of nearly a thousand national characters, involving laborious work from hundreds of expert writers who had been writing day and night over years. Our gratitude extends to the China Intercontinental Press, for the publication and distribution. Thanks to their generosity and effort, readers now have the opportunity to read the vivid yet serious and interesting yet enlightened biographies of outstanding people from many nations.

Confucius said, "Humanity is of humans ." Let the brilliant

ideas of the wise men of all nations light up our path to explore the future of mankind.

The biographies are written for high ideals. Herein is the intro duction.

President of the Chinese Biographical Literature Society

Director of the Editorial Board of

"The Legend of the People along the Belt and Road"

Dr. Wang Li

March 30, 2019

目　录

引　言

01
黑山诗文君王
——彼得罗维奇·涅戈什　009

02
黑山"石头城"孕育出的钢铁战士
——佩科·达普切维奇　037

03
冉冉升起在黑山之巅的导演
——维尔伊科·布拉吉　063

04
绿茵场上永恒的黑山之剑
——德扬·萨维切维奇　083

足球场上的天才
——斯特凡·约维蒂奇　　　　117

波德戈里察的篮球王子
——尼古拉·米罗蒂奇　　　　145

后　记

Contents

Chapter 1 The Poet-King of Montenegro: Petrović-Njegoš   009

Chapter 2 The Iron Warrior of the "Stone City": Peko Dapčević   037

Chapter 3 A Star Director of Montenegrin Cinema: Veljko Bulajić   063

Chapter 4 A Montenegrin Sword on the Green Field: Dejan Savićević   083

Chapter 5 A Genius on the Football Pitch: Stevan Jovetić   117

Chapter 6 The Basketball Prince of Podgorica: Nikola Mirotic   145

引　言

　　在黑山北部，欧洲最深的塔拉河大峡谷上横阔着一座钢筋混凝土公路桥，这就是著名的塔拉河峡谷大桥。第二次世界大战期间，为了阻断德军的撤退路线，阻止德军会合，更好地完成对德军的反攻，南斯拉夫游击小分队与桥梁设计师克服重重困难，以生命为代价，将桥梁炸毁。这个真实历史事件被改编成的电影《桥》在中国广泛流传，电影中的背景音乐《啊！朋友再见》更是中国人耳熟能详的曲目。如今塔拉河峡谷大桥早已重新修建完毕，它在瑟瑟的山风中静静伫立，仿佛在向人讲述这黑山的故事。

　　黑山，含义为"黑色的山"，这一名称来源于洛夫琴山。在与土耳其横跨数个世纪的斗争历史中，洛夫琴山一直是斗争的中心。现今黑山位于欧洲巴尔干半岛中西部，东南与阿尔巴尼亚为邻，东北部与塞尔维亚相连，西北与波黑和克罗地亚接壤，西南部地区濒临亚得里亚海，海岸线长293公里。黑山总面积1.39万平方公里，西部和中部为丘陵平原地带，北部和东北部为高原和山地。

一、黑山的悠久历史

2006 年黑山宣布独立。在这片土地上孕育的文明却拥有悠久的历史。黑山的先民是伊利里亚人，公元前 3 世纪时被古罗马征服。罗马帝国衰落后，伊利里亚落入哥特人之手。拜占庭帝国皇帝查士丁尼一世又征服了这一地区。公元 6—7 世纪，部分斯拉夫人越过喀尔巴阡山移居巴尔干半岛，与当地的伊利里亚人融合。早在公元 6 世纪末、7 世纪初，巴尔干半岛就有斯拉夫人移居此地。到 9 世纪时，斯拉夫人在黑山地区建立了名为"杜克利亚"的王国。11 世纪，"杜克利亚"改称"泽塔"，并在 12 世纪末并入塞尔维亚，成为塞行政省。时光来到 15 世纪，此时由于奥斯曼土耳其帝国的扩张，占领了现波德戈里察及其以北地区，导致泽塔王朝陷落。1878 年柏林会议承认黑山为独立国家。1910 年黑山王国建立。1918 年第一次世界大战后，黑山再次被并入塞尔维亚，并加入"塞尔维亚人—克罗地亚人—斯洛文尼亚人王国"，1929 年改称"南斯拉夫王国"。随后便是 1941 年第二次世界大战的爆发，在与德国、意大利法西斯入侵者抗争的过程中，黑山度过了风雨飘摇的 4 年。

1945 年，反法西斯战争胜利后，南斯拉夫联邦人民共和国宣告成立。1963 年改称"南斯拉夫社会主义联邦共和国"，黑山成为其联邦共和国的一部分。

20 世纪 90 年代初，南斯拉夫联邦解体，黑山和塞尔维亚共和国联合组成南斯拉夫联盟共和国。2003 年 2 月 4 日，南斯拉夫联盟共和国议会通过《塞尔维亚和黑山宪法宪章》，改国名为"塞尔维亚和黑山"。2006 年 5 月，黑山就国家独立举行公民投票并获通过，黑山就在这一年的 6 月 3 日正式宣布独立。

二、黑山的国旗和国徽

黑山的国旗长宽比为 2 : 1，是由前黑山王国国旗改造而成。旗面为正红色,四周镶有金色的边,中央为"双头鹰"，"双头鹰"源于拜占庭帝国的国徽图案，在此象征政教合一，鹰头上有王冠，两爪持王球和权杖，象征着权力，鹰胸前的盾上绘有一只迈步的金狮子，是耶稣基督复活的象征，也象征着黑山古王朝。黑山国徽图案正是国旗上的双头鹰。

三、黑山概况

根据黑山国家统计局最新数据显示：截至 2021 年底，黑山人口总数为 62.1 万人，城市人口占总人口的 67.5%。目前，在黑山的华人约 100 人，主要集中在首都波德戈里察附近的图兹市，多从事批发、零售等行业，与当地人相处和睦。黑山有 4 个主要民族，其中黑山族占 45%，塞尔维亚族占 28.7%，波斯尼亚克罗地亚族占 8.7%，阿尔巴尼亚族占 4.9%，穆斯林族占 3.3%，其他民族合计 9.4%。

黑山的森林和水利资源丰富，森林面积约 54 万公顷，覆盖率为 39.43%，年平均降水量为 1798 毫米。冬季寒冷多雨，夏季炎热干燥。气候依地形自南向北分为地中海式气候、温带大陆性气候和山地气候。这里盛产珊瑚，红色、粉红色、橙红色的珊瑚为宝石级，被奉为"国石"。

黑山的经济基础薄弱，属于前南斯拉夫中较为落后的共和国。因其铝、煤等资源储藏丰富，约有 3600 万吨铝土矿石和 3.5 亿吨褐煤。所以制铝工业是黑山的一大经济支柱。黑山的另一大经济支柱是旅游业，外汇收入主要来源于此。主要风景区亚德里亚海滨和国家公园等每年都能吸引大批游客前来观光。前南斯拉夫解体后，黑山因受战乱、国际制裁影响，经济一路下滑。近年来随着外部环境改善及各项经济改革推进，黑山经济逐步恢复，总体呈增长态势。依据世界银行数据显示：2021 年，黑山第一产业、第二产业和第三产业占 GDP 的比重分别约为 7.6%、18.9% 和 73.5%；投资、消费和净出口占 GDP 的比重分别约为 25.62%、94.05% 和 -19.66%。2021 年，黑山预算收入为 19.11 亿欧元，支出为 20.11 亿欧元，赤字近 1 亿欧元。

四、中黑友谊

黑山与中国人民之间有着传统而悠久的友谊。2006 年黑山宣布独立不久，时任中国外交部长李肇星就对黑山外交部长弗拉霍维奇复信，表明了中国政府承认黑山的态度，并强调中方愿在和平共处五项原则基础上发展同黑山的友好合作关系。同年 7 月 6 日，李肇星部长和黑山外交部长弗拉霍维奇在北京签署了《中华人民共和国和黑山建立外交关系联合公报》。建交后，两国关系发展良好，政治互信不断加强。双方在经贸、文化、旅游等各领域交流与合作成效显著。2008 年 8 月北京奥运会开幕式上，黑山总统菲利普·武亚诺维奇来华出席。2010 年 5 月，武亚诺维奇再次来华，出席上海世博会黑山国家馆活动。

"一带一路"倡议以来，黑山把握住此次发展机遇，积极参与"16+1 合作"机制内的各项活动，并与中国签署"一带一路"合作谅解备忘录，积极与该框架内的国家共同发展，帮助黑山实现自身战略目标和发展愿景。

旅游合作是"一带一路"倡议下"民心相通"的重要组成部分。随着政局的稳定，数据显示，到 2014 年黑山游客总数约 152 万人次，较过去几年有了相当一部分的增长。中国游客也愿意去黑山领略巴尔干半岛文化与地中海风情，2016 年黑山共接待 12000 名中国游客。2017 年，黑山对中国公民赴黑山实施签证便利化措施：持普通护照的中国公民，凭已支付过的行程安排、返回中国或前往第三国的交通证明以及旅行社开具的其他证明，以旅游团组方式集体出行，可免签进入、过境黑山并停留不超过 30 天。这极大地激发了中国游客到黑山旅游消费的热情。在黑山的政策优惠下，相信未来将会有更多的中国游客去黑山欣赏巴尔干半岛最大的湖泊斯库台湖，联合国教科文组织世界文化和自然遗产科托尔湾，欧洲最长和最深的峡谷塔拉峡谷，欧洲最高的铁路桥马拉里耶卡高架桥。

当我们打开这本书，一部鲜活的黑山国家和人民历史就会呈现在我们面前：黑山诗文君王彼得罗维奇·涅戈什，为黑山国家的建立起到了重要的作用，并且以文学扬名。南斯拉夫历史上著名的政治家、军事家佩科·达普切维奇参加人民解放战争，被誉为"人民的英雄"。电影艺术家维尔伊科·布拉吉执导的多部影片在国际影坛产生深远的影响。前南斯拉夫最杰出的足球运动员之一德扬·萨维切维奇成为黑山足球开天辟地的见证者和推动者。足球名将斯特凡·约维蒂奇叱咤世界足坛，实力被称为可以排名世界第二的优秀前锋。波德戈里察的篮球王子、夺人眼球的大个子前锋尼古拉·米罗蒂奇也是黑山耀眼的明星。

在感受黑山美丽风景的同时，让我们从了解黑山的杰出人物开始，一起走进黑山，更加深入地了解他们的文化。

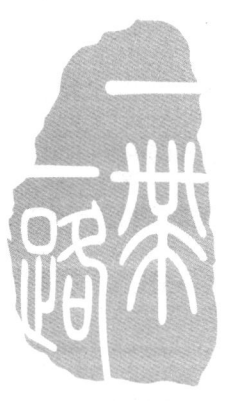

黑山诗文君王

——彼得罗维奇·涅戈什

彼得罗维奇·涅戈什（1813—1851），是黑山采邑主教，被称为"佩塔尔二世"，是黑山著名诗人和哲学家，他的作品被广泛认为对黑山和塞尔维亚文学发展产生了重要的影响。

涅戈什出生在黑山首都采蒂涅附近一个叫涅古什的小村庄。他在黑山修道院接受教育，后来在他的叔叔佩塔尔一世去世后，成为该国的精神和政治领袖。在消除了国内最初反对他统治的势力之后，涅戈什集中精力联合黑山的部落，建立了一个中央集权的国家。他组建了私人警卫，颁布、实施了定期征税等一系列新法令，以取代多年前的旧法律。后来的事实证明，涅戈什的税收政策对黑山部落来说，极不受欢迎，并且成为几次叛乱的主要原因。涅戈什的统治是通过与奥斯曼帝国不断的政治和军事斗争而逐渐加强的，同时他试图扩大黑山的领土，团结和解放塞族人民，从而获得他们的支持，愿意承认他的王权，以换取与塞尔维亚的联盟，并承认他是所有塞尔维亚人的宗教领袖（类似于现代塞尔维亚东正教会主教）。尽管这两个国家在他有生之年没有统一，但涅戈什奠定了南斯拉夫主义的一定基础，并给黑山带来了现代政治的概念。

涅戈什作为一位诗人和哲学家，他所撰写的史诗巨作《山地花环》，作为他的代表作，被认为是塞尔维亚、黑山和南斯拉夫文学的杰作，也是塞尔维亚、黑山和南斯拉夫的民族史诗。涅戈什在黑山和塞尔维亚以及其他邻国都具有很强的影响力，他的作品影响了很多不同的族群，包括塞尔维亚人、黑山人和南斯拉夫民族主义者。

01 / 热爱文学的少年

彼得罗维奇 · 涅戈什于 1813 年 11 月 13 日出生在黑山当时的首都采蒂涅附近的小村庄涅古什。涅戈什的父亲叫托米斯拉夫 · 彼得罗维奇，是这个村子的彼得罗维奇家族的一员。涅戈什的母亲叫伊万娜，比她的丈夫年轻了大概 10 岁。托米斯拉夫和伊万娜有 5 个孩子，他们的长子叫比塔，第二个儿子叫罗维奇，就是我们的主人公彼得罗维奇 · 涅戈什，约万是他们最小的儿子。这对夫妇还有 2 个女儿，分别叫马丽亚和斯坦娜。

彼得罗维奇·涅戈什早年一直待在涅古什，和自己的父亲生活在一起。童年，他一直跟着父亲参加家庭和教堂庆祝活动，同时他学会了一种叫做古兹拉（一种传统的单弦）的乐器，并非常热爱演奏它。涅戈什是自小听着别人讲述过去的悲惨生活和战斗的故事长大的，导致他对民众有着深深的同情。涅戈什刚开始接受的教育非常简单，直到 12 岁才开始在采蒂涅修道院学习读书和写作，后来又在萨维纳修道院学习了 1 年意大利语，在新海尔采格附近的托普拉修道院学习了 18 个月的俄语和法语。自从接触正规教育，涅戈什就深深地爱上了和文学有关的一切。后来，在 1827 年 10 月，年轻的涅戈什成为诗人和剧作家锡马·米卢蒂诺维奇的弟子。锡马·米卢蒂诺维奇是涅戈什叔叔的秘书，了解很多黑山的生活风情。在锡马·米卢蒂诺维奇的指导下，涅戈什开始写下几个世纪以来口头传下来的塞尔维亚民间故事。锡马·米卢蒂诺维奇还教授涅戈什体育，如练习射击和剑术。

　　按照现代标准，彼得罗维奇·涅戈什生活于 19 世纪的黑山社会仍然相当原始。黑山人和邻近的穆斯林部落之间的战争非常普遍，人们将大部分精力投入到不间断的血仇当中，限制了黑山人民不能有效地团结抵抗土耳其人的入侵。由于男丁们都去参与作战了，导致大多数的体力劳动都只能由女性完成。当时的娱乐活动主要还是以展示力量为主，同时会有一些歌曲比赛，当然这些歌曲还是以讲述英雄故事为主。伴随着古兹拉的乐声，黑山的英雄故事一直在流传。在 19 世纪之前，黑山西部只不过是由塞蒂涅大都会主持的一群不断斗争的部落。自 1718 年《帕萨罗维茨条约》签订以来，自治的种子已在这片土地上萌芽。

　　几十年来，奥斯曼当局将黑山西部和黑塞哥维那东部的居民视为征税的对象，当地的居民每年只需要向奥斯曼人支付固定数量的财富，奥斯曼当局并不关心其他的事情。而奥斯曼当局的这种税收制度并没有随着家庭的财富或规模的增加而增加，同时这些地区的塞尔维亚人已经完全被免除了奥斯曼人口税和其他通常由基督徒臣民向宫廷支付的税款。虽然授予这些人特权的主要目的是为了消除公众

对威尼斯边境这些贫穷但战略上至关重要的地区的不满，
但到了16世纪后期，他们最终产生了相反的效果，奥斯曼
帝国的权威逐渐减弱。

虽然黑山战士经常将他们国家的生存归因于他们自己
的军事实力，但记者蒂姆·朱达指出，土耳其人常常用血和
资源来消灭黑山酋长控制的那一点点贫瘠的土地。对于奥
斯曼人而言，黑山人是"反叛的异教徒"，他们只想掠夺他
们更富裕的穆斯林邻居所拥有的财产。整个18世纪，成千
上万的黑山人离开了他们的家园，并迁移到塞尔维亚，希
望找到肥沃的田地来种植庄稼。1782年，涅戈什的叔叔佩
塔尔一世上台后，权力变得更加集中。1796年，佩塔尔一
世发起了对斯卡塔里帕沙利克的卡拉马哈茂德布沙提的战
争，该战争加强了黑山的自治权，并获得了大片的领土。
两年后，一个部落酋长委员会在采蒂涅成立，并宣布制定
新的法律法规，组成中央法院，具有行政和司法职能。尽
管取得了一些成就，但佩塔尔一世在统一黑山部落方面几
乎没有成功。因为除非可以征收税款，否则他们不可能组
建稳定的政府或军队。部落开始不再愿意向采蒂涅纳税，

企图阻止他们的袭击是徒劳的，试图阻止他们互相争斗也是徒劳的。到 1830 年，该国的经济形势依然严峻，其边界仍未得到国际承认，土耳其人继续将其视为帝国的一部分。而涅戈什就是在这样的背景下继承了叔叔的位子。

02 / 继位为黑山主教

其实一开始，彼得罗维奇·涅戈什并不是黑山主教选定的继承人。佩塔尔一世晚年的身体每况愈下，已经无法正常地工作，因此寻找继承人成为重中之重。黑山主教是独身，没有子嗣，因此佩塔尔一世将继承人的目光瞄向了自己兄弟的孩子。刚开始，佩塔尔一世将自己的目光瞄准了自己大哥斯捷潘的儿子彼得罗维奇·米塔。但是几年之后，年轻的彼得罗维奇·米塔去世了，佩塔尔一世没有时间悲伤，他不得不抓紧时间寻找另外的接班人，然而这个时候涅戈什也并不是合适的人选。佩塔尔一世把注意力转向了他的另一个兄弟的儿子彼得罗维奇·约德杰。由于彼得罗维奇·约德杰是个文盲，佩塔尔一世将他送到了圣彼得堡上学。在那里，约德杰意识到他更喜欢住在俄罗斯而不是黑山。1828年，约德杰自圣彼得堡给他的叔叔佩塔尔一世寄来了一封信，告知他希望加入俄罗斯帝国军队并要求叔叔解除他的继承权。1829年，佩塔尔一世允许彼得罗维奇·约德杰进入俄罗斯军队，并剥夺了他的继承权。

前后两个继承人都出现了状况，无法继承佩塔尔一世的位子，因此他只能继续寻找继承人。直到这个时候，佩塔尔一世才终于将目光转向了彼得罗维奇·涅戈什，涅戈什也终于有了继承黑山主教的机会。当时涅戈什只有17岁，能力不足，佩塔尔一世将他送往采蒂涅修道院并在其神学院接受教育。佩塔尔一世也开始直接指导涅戈什，教导他处理政务，并开始给予涅戈什一定的处理教务的权力。

佩塔尔一世在1830年10月19日去世了。临去世时佩塔尔一世将自己的遗嘱交给了彼得罗维奇·涅戈什的老师，也就是佩塔尔一世的助手米卢蒂诺维奇手中。于是，涅戈什终于被任命为佩塔尔一世的继任者，并授予他所有的教会和世俗权力。在继承仪式上，涅戈什宣誓将维护黑山与俄罗斯的传统关系，打击所有破坏两者关系的人。一些敌视彼得罗维奇家族的人声称，涅戈什的老师米卢蒂诺维奇捏造了这份继承文件，并认为维护黑山与俄罗斯的关系就是其捏造文件最主要的原因。尽管大多数现代历史学家认为这份继承人文件是真的，但仍然有学者提出这份文件确实存在伪造的可能性。

在佩塔尔一世死后的第二天，黑山的所有酋长在采蒂涅会面，确认新的弗拉迪卡（东正教主教的称谓）。尽管面对很多质疑，1831年，年轻的涅戈什在考姆修道院举行的仪式上，表示自己愿意献身成为修道院院长。为了纪念已故的前任主教，也就是叔叔佩塔尔一世，涅戈什决定采用佩塔尔一世的教会名称"佩塔尔"，涅戈什也被称为"佩塔尔二世"。涅戈什之后所有通信都是以彼得罗维奇·涅戈什的名义签署的。尽管黑山人继续用他涅戈什的名字称呼他，并亲切地称他为雷德主教，但在大多数学术文章中他被简称为"涅戈什"。

拉多尼奇部落的负责人武科拉杰·拉多尼奇是彼得罗维

奇·涅戈什在执政初期的主要对手。拉多尼奇部落一直以来反对黑山与俄罗斯的密切联系，主张与奥地利建立更密切的关系。武科拉杰·拉多尼奇与涅戈什的冲突涉及个人和政治两个方面，不仅因为他们的部族一直以来都是竞争对手，而且因为彼得罗维奇家族热烈支持俄罗斯，这主要表现在弗拉迪卡和俄罗斯神圣会议之间的教会关系。作为统治者的世袭继承人，拉多尼奇占据了这个专门用于拉多尼奇部落的职位，正如主教公职位只能由彼得罗维奇家族担任。统治者的历史可以追溯到1715年，当时威尼斯参议院创建了至尊伏尔沃达（公爵）的称号，与黑山的主教公分享权力。威尼斯人将其命名为政府，在黑山方言中成了统治者。虽然从未明确界定过统治者的管辖权，但拉多尼奇部落及其支持者经常声称他的权力与主教公的权力相同，而彼得罗维奇家族及其支持者则认为主教公总是在黑山事务中拥有最终决定权。现在，随着涅戈什取得王位，武科拉杰·拉多尼奇开始声称他在政权中也具有话语权，并试图完全控制世俗事务。

1830年11月下旬，武科拉杰·拉多尼奇写信给杜布罗夫尼克的副领事，抱怨席卷农村的无政府状态。这显然是武科拉杰·拉多尼奇与奥地利人的密谋，他们密谋将涅戈什从他的王位中移除，并让他的堂兄彼得罗维奇·约德杰取代他。根据达尔马提亚王国州长弗兰乔·托马希奇的命令，杜布罗夫尼克堡指挥官于1830年11月27日至28日在科托尔会见了武科拉杰·拉多尼奇。武科拉杰·拉多尼奇在未通知涅戈什或其他酋长的情况下离开黑山，引起了众多怀疑。11月28日，正在科托尔旅游的一群黑山人注意到武科拉杰·拉多尼奇在奥地利军官的陪同下，召开了秘密会谈。他们赶紧回到了采蒂涅，将这些情况报告给了涅戈什，涅戈什非常愤怒。当黑山的部落酋长们听到武科拉杰·拉多尼奇在科托尔密会的消息时，酋长们要求委员会采取行动处理这件事情。11月29日，酋长们在委员会中剥夺了武科拉杰·拉多尼奇的权利，并收回了他所有的头衔以及象征他们家族职位的印章。在当天中午，委员会判定武科拉杰·拉多尼奇犯了叛国罪，并决定处死他和另一名同谋。武科拉杰·拉多尼奇未能击败彼得罗维奇·涅戈什的原因，历史学家芭芭拉·耶拉维奇曾说过，主要是当时绝大多数的酋长都是支持彼得罗维奇家族的，他们认为像涅戈什这样的教会领袖对他们的权力构成的威胁较小。几个星期后，涅戈什将拉多尼奇家族的判决改判为宽大处理，首先是终身监禁，然后又将判决改为了流亡。然而拉多尼奇家族最小的弟弟久罗就不是那么幸运了，他在逃跑的时候被人伏击并被杀害。许多其他拉多尼奇家族成员也遭到了暴力对待，要么是在袭击中被杀，要么是在他们的村庄被烧毁后与家人一起被赶出去。然而流亡在国外的武科拉杰·拉多尼奇最终在与奥地利人通信时被捕，并于1月16日被带回采蒂涅，与他的兄弟马可一起被审判为叛国罪。两人被指控煽动塞族人逃离黑山并在邻国奥地利定居，密谋推翻涅戈什，以便武科拉杰·拉多尼奇将黑山交给哈布斯堡王朝，使其成为奥地利的保护国。他们再次被判犯有叛国罪，立即被驱逐出境。武科拉杰·拉多尼奇最终于1832年5月30日去世。

03 / 一心建立独立、强大的国家

彼得罗维奇 · 涅戈什统治开始的标志性事件是重申黑山与俄罗斯的联盟。这两个国家之间的结盟也是有着各自的打算。当时黑山需要有一个强大的盟友，盟友可以为他们刚刚起步的国家提供政治和财政的支持。而俄罗斯则是希望在与奥地利的持续地缘政治斗争中，利用黑山的战略位置。由于俄罗斯的支持，采蒂涅的塞尔维亚东正教修道院和弗拉迪卡的机构在几个世纪中幸存下来，但佩塔尔一世在自己执政的最后几年，渐渐冷却与俄罗斯的关系。

随着武科拉杰 · 拉多尼奇被驱逐，涅戈什于 1832 年废除了统治者这个职位。此举并没有给他带来任何新的权力，因为俄罗斯坚持要建立黑山和高地的管理参议院，其目的是限制和规范弗拉迪卡的权力。与塞尔维亚的管理参议院非常相似，大多数参议院议员都是由俄罗斯人亲自挑选的，他们的政治倾向往往更加倾向于圣彼得堡，而不是维也纳。该参议院创建于 1798 年，由出生于黑山的外交官伊万 · 武科蒂奇建立，取代了由佩塔尔一世组成的库鲁克。伊万·武科蒂奇于1831年和他的侄子胡斯锡域一起被俄罗斯政府送往采蒂涅，他们的任务是建立一个强大的中央政府，可以控制该国的许多部落。

除了必须面对俄罗斯的政治干涉，彼得罗维奇·涅戈什还面临着其他一些限制。他没有军队、民兵或警察部队，无法在其名义上控制的领土内执行法治，只能依靠自己部族的战士。黑山边境的部落往往拒绝服从他，甚至与他的敌人成为朋友。这些部落袭击深入奥斯曼帝国控制的黑塞哥维那，这种袭击通常会引起奥斯曼人的激烈反应，但是涅戈什无法阻止他们。

管理参议院的成立为黑山政治带来了一些新秩序。伊万·武科蒂奇被宣布为参议院议长，同时胡斯锡域成为副总统，于是黑山人调侃地称之为"俄罗斯领主"。参议院一共由12名男子组成，拥有立法、司法和执政权力，是黑山现代历史上的第一个国家机构。通过任命重要的酋长和其他著名公民作为参议员，任何重大的反对参议院的举动都被消灭了。彼得罗维奇·涅戈什本人并非参议院议员，该议院在其存在的最初几年内完全由伊万·武科蒂奇和胡斯锡域主导。参议院的决定由一个名为"卫队"的军警组织执行，它在各个部落地区都有区域代表，其总部设在里耶卡。卫队最初拥有大约 150 名战士，但后来这个数字上升到 420人。俄罗斯的补贴确保其所有成员可以及时领到他们的工资。通过增加卫队的私人卫兵，中央权力得到进一步加强。

1832 年，19 岁的彼得罗维奇·涅戈什发起了对波德戈里察穆斯林部落的攻击，对方正在帮助奥斯曼人制服波斯尼亚和邻国阿尔巴尼亚的叛乱。和早些时候一样，涅戈什与伊万·武科蒂奇各自带领着弗拉迪卡和统治者的黑山战士进入战斗。然而波德戈里察方面也得到了阿尔巴尼亚北部反叛的霍提族的协助。涅戈什和他的部队刚一开战就处于不利地位，因为他们缺乏如何处理奥斯曼帝国关系的具体战略，并且他们没有骑兵，这在当时的战争中是相当不利的。而且黑山人的游击战方式，也不适合占领波德戈里察这样的城市，因为波德戈里察的高高的石墙使黑山人组成的部队无法穿越周围的平地。而且此次发动袭击，涅戈什还冒着与俄罗斯人吵架的风险，因为当时俄罗斯人正与土耳其人结盟。种种不利的因素，最终导致了涅戈什的失败，他不得不带着残兵败将回到自己的地方。而为了报复涅戈什的战争，对方袭击了很多黑山的城镇和村庄。然而面对着俄罗斯方面的压力，涅戈什不得不放弃再次发动战争。

为了应对波德戈里察的失败，黑山人与邻近的穆斯林部落建立了战术联盟。同时，为了消除俄罗斯方面对黑山自发采取行动的任何怀疑，涅戈什与俄罗斯驻黑山的副领事格鲁伊奇建立了亲密的友谊，格鲁伊奇向沙皇说明，涅戈什还是一如既往的可靠。

1833 年，武科蒂奇在黑山各部落实行定期征税。正如武科蒂奇、格鲁伊奇和彼得罗维奇·涅戈什都意识到的那样，在没有税收的情况下，该国没有机会作为一个中央集权国家运作，更不用说可以筹组独立军队，甚至说不需要依赖掠夺和俄罗斯的援助。即使税率很低，一些部落仍然坚决抵制新的税收律法，这些律法也从未获得过比俄罗斯补贴资金更多的收入。许多酋长拒绝对他们的部落征税，有些甚至嘲讽地呼吁涅戈什自己来收集税收。

在彼得罗维奇·涅戈什表明需要俄罗斯支持的态度之

后，黑山与俄罗斯的关系再次亲密起来。俄罗斯沙皇尼古拉斯一世向黑山提供了相当大的经济援助，并承诺如果黑山遭到袭击，俄罗斯将会派遣军队来到黑山支持他们的作战。由于双方关系的进一步加强，涅戈什于1833年初离开采蒂涅，开始了前往圣彼得堡的漫长旅程。他希望与俄罗斯沙皇尼古拉斯一世会面，并在神圣会议上进行祝圣礼。这样的举动在当时被认为是十分不寻常的，因为弗拉迪卡在传统上是由族长所在的宗法修道院，而不是在圣彼得堡进行祝圣礼。同时，根据教堂经典，弗拉迪卡不能小于30岁，20岁的涅戈什显然未能达到这个条件。因此，涅戈什选择在圣彼得堡进行他的祝圣礼，因为他迫切需要沙皇以他的方式曲解教会的教规，以便在国内获得完全的合法性并撇开任何神学上的反对意见。涅戈什抵达圣彼得堡后，于1833年3月举行了祝圣礼。仪式结束后，沙皇授予涅戈什总计36,000卢布的赞助，其中15,000卢布用于弥补他此次旅行的费用。沙皇向涅戈什承诺，俄罗斯将对黑山进行赞助，而神圣宗教会议发誓要提供所有在该国维持定期宗教服务所需的必要设备和资金。

　　彼得罗维奇·涅戈什用沙皇给他的钱回到了黑山，并为采蒂涅修道院提供了许多神学书籍和图标。不久之后，他在黑山建立了两所小学，一所在采蒂涅，另一所在多布斯科塞洛，并派遣 16 名年轻的黑山人到塞尔维亚接受高等教育，其中 7 人在完成学业后返回黑山，他们是该国少数有文化的人。涅戈什还带回了一台现代印刷机，这是自 300 多年前克尔诺耶维奇王朝以来黑山的第一台印刷机。它从圣彼得堡运来，不得不经过黑山不稳定的山口到达采蒂涅修道院，最后在那里建立了印刷厂。虽然几乎所有的黑山人都是文盲，但涅戈什还是坚持建立一个名为《斑鸠》的刊物，并用报刊印刷他自己的一些诗歌，以及米卢蒂诺维奇和卡拉季奇的作品。 这部刊物没有持续很长时间，在 1839 年停止发行。而当时的印刷机却一直使用到 1852 年，后来它被熔化用来制造子弹以对抗土耳其人。

　　彼得罗维奇·涅戈什在 1833 年一整年都在维也纳和俄罗斯，而伊万·武科蒂奇利用弗兰迪卡的长期缺席来增加自己的力量。回国后的涅戈什迅速安排他自己的兄弟佩罗作为参议院领导人，同时他们的堂兄彼得罗维奇·约德杰也从圣彼得堡回来，成为佩罗的副手。伊万·武科蒂奇和胡斯锡域被流放到俄罗斯。在那里，他们传播了无数关于涅戈什的谣言，试图玷污他的声誉，但涅戈什更关心国内对其税收政策的不满。他认为，如果彼得罗维奇家族能树立一位血统相同的圣人，那么他的虔诚和过分迷信的公民就不会强烈抗议税收。因此，涅戈什于1834年10月在佩塔尔去世四周年之际安排了对佩塔尔一世的册封。大多数黑山人对佩塔尔一世的封圣活动非常热心，许多人蜂拥来到他的坟墓上庆祝。涅戈什借此稳住了位置，但他因涉嫌挪用俄罗斯人给他的资金而受到批评，而克尔姆尼察和里耶奇卡纳希亚部落的叛乱则是为了回应税务人员的要求和因为长期的粮食短缺而爆发的。涅戈什的堂兄彼得罗维奇·约德杰和斯坦科平定了这场叛乱，但是关于盗用资金的指控却进一步损害了他在俄罗斯人中的声誉。

1836年8月初，黑塞哥维那埃亚莱特的大臣阿里帕夏里瓦诺格鲁袭击了黑山北部的边境小镇格拉霍沃，该城镇长期以来一直被黑山人所拥有。这里的基督徒居民仍然拒绝支付奥斯曼对当地非穆斯林的人头税。阿里帕夏的部队占领了整个城镇，将其烧毁，并将无数的基督徒劫持为人质。为了提升自己的威望，涅戈什派遣了一支由他的十几岁的兄弟佐科和他的侄子斯蒂文领导的部队来营救人质，而阿里帕夏在加科等待援军来解决黑山的进攻问题。黑山人组建了由佐科、斯蒂文和8位彼得罗维奇酋长领导的数百名战士。他们最初成功地拯救了一名被监禁的部族领导人，但他们被阿里帕夏和特雷比涅的奥斯曼骑兵增援部队包围了起来。在随后的混乱中，超过40名黑山战士被砍死，包括斯蒂文和所有8名彼得罗维奇酋长。涅戈什在格拉霍沃附近发动反击并随后与奥斯曼人进行了停战。格拉霍沃的居民逃往亚得里亚海沿岸的奥地利境内，但在被拒绝庇护后，他们被迫返回破败的城镇，宣誓效忠苏丹，并请求大臣的宽恕。他们拒绝为死去的彼得罗维奇酋长们报仇，因为他们害怕奥斯曼帝国的报复。

格拉霍沃失败的消息很快就传到了圣彼得堡，再加上之前关于彼得罗维奇·涅戈什挪用援助资金的传闻，让涅戈什在俄罗斯的声誉大大下跌。但考虑到黑山越来越渴望得到俄罗斯的经济和政治援助，涅戈什不得不亲自前往圣彼得堡，对自己的行为进行辩护。1837年，沙皇允许涅戈什访问圣彼得堡。然而涅戈什感觉到他第二次访问俄罗斯首都的情况与第一次完全不同。他没有像1833年那样受到热情的欢迎。尽管如此，俄罗斯还是增加了年度补贴，并向黑山的饥民提供小麦。虽然黑山迫切需要俄罗斯为自己贫困的国家提供资金，但在政治上来说，却是灾难性的。因为奥斯曼人和奥地利人都认为，鉴于俄罗斯的影响，黑山进入亚得里亚海将事实上是俄罗斯渗透到了该地方。

彼得罗维奇·涅戈什在圣彼得堡逗留了不到一个月，他就被俄罗斯中校雅科夫·尼古拉耶维奇·奥泽雷茨科夫斯基带出了该地，后者带着黑山代表团回到采蒂涅，并代表沙皇亲自观察黑山的事态发展。涅戈什访问俄罗斯后，他进一步开展了现代化工作，佩尔亚尼奇和警卫的规模大幅增加。涅戈什还在克尔诺耶维奇河开设了两家火药厂，并建造了许多道路和自流井。他在他的人民中宣扬泛塞族人的身份，说服黑山人与塞尔维亚团结一致，并停止佩戴菲斯（这是一种土耳其帽子）。涅戈什还发明了奥比利奇勇士奖章，奖章是以传说中的塞尔维亚战士米洛什·奥比利奇命名的。

奥比利奇在科索沃杀死了奥斯曼苏丹，该奖章成为黑山最高的军事装饰，并于1918年被授予黑山与塞尔维亚的联盟。为了与他的世俗化倾向保持一致，涅戈什还坚持使用皇家头衔而不是宗教头衔来称呼自己。

在格拉霍沃战役之后，基督教居民与他们的奥斯曼帝国统治者之间的冲突仍在继续。1838年，彼得罗维奇·涅戈什在胡马克竖立了一座俯瞰格拉霍沃的堡垒。该堡垒策略性地统治了该地区，并威胁到阿里帕夏对该地区的控制。在他第二次访问圣彼得堡后，涅戈什受到俄罗斯人的巨大压力，他必须保持和平。10月下旬，涅戈什在采蒂涅会见了代表阿里帕夏和穆罕默德帕夏的两名特使，并同意通过谈判解决问题。该协议有六点：

（一）格拉霍沃的流离失所的居民可以不受干扰地返回城镇。

（二）雅各布·达科维奇将被宣布为格拉霍沃的世袭伏尔沃。

（三）当地人将恢复向土耳其人缴税，这将由伏伊伏达收集。

（四）土耳其人和黑山人都将被禁止在格拉霍沃地区架设任何塔楼或防御工事。

（五）黑山与波斯尼亚和黑塞哥维那之间存在着“永恒

的和平"。

（六）该协议将由涅戈什和穆罕默德帕夏维持。

尽管达成了协议，阿里帕夏仍然不相信这个协议。该协议第五条表明奥斯曼人已经承认黑山的独立，而最后的条款根本没有提到阿里帕夏。阿里帕夏愤恨于穆罕默德帕夏干涉了黑塞哥维那省的事务，着手破坏这一协议。1839年初，涅戈什派代表团去波斯尼亚商议格拉霍沃人应该向奥斯曼苏丹支付税金的具体数额。但是当代表团路过莫斯塔尔时，阿里帕夏将他们囚禁。格拉霍沃代表团被土耳其人监管直到1839年5月，几个黑山人被土耳其留作人质以换取格拉霍沃人的释放。作为回应，涅戈什保留了在格拉霍沃的防御工事，确保他和穆罕默德帕夏之间的协议从未得到执行。后来发生了一系列事件，导致阿里帕夏不得不和涅戈什进行和平谈判。涅戈什意识到这次谈判可以增加黑山的领土，并使奥地利和奥斯曼人承认黑山的独立。1841年，为了使他的国家合法化，并且在俄罗斯要求与奥地利关系正常化的压力下，涅戈什在奥匈帝国边界与奥地利人达成协议。尽管达成了协议，但奥地利人未能正式承认黑山是一个主权国家，并要求黑山共和国完全撤离海岸，以换取黑山部落成员获准在科托尔为他们的羊和牛寻找牧场。撤军要求黑山人放弃两座历史悠久的修道院，奥地利人随后以相当大的金额购买。

1842年，涅戈什和阿里帕夏在杜布罗夫尼克宫举行会谈，讨论和平问题。两人最终达成协议，该协议在奥地利和俄罗斯的代表面前签署。

1846年末，一场严重的干旱袭击了黑山，随后在1847年发生了灾难性的饥荒。而当时黑山众多部落在奥斯曼帕夏的蛊惑下，开始对抗彼得罗维奇·涅戈什。涅戈什不得不将大部分的精力放在平定叛乱方面。到1848年，黑山南部边境的局势才稳定下来。

19世纪40年代中期，将所有南斯拉夫人统一为一个共同国家的想法得到了生活在奥地利帝国的塞尔维亚人、克罗地亚人和波斯尼亚穆斯林的大力支持。彼得罗维奇·涅戈什前往奥地利和意大利的旅行使他接触到了这部分人，最终构成了伊利里亚主义运动支柱的许多概念，特别是所有南斯拉夫人都具有共同的文化和语言特征，因此是一个民族。他与邻国土地上的南斯拉夫民族主义领导人的通信被奥地利人察觉，他们希望避免在哈布斯堡地区发生南斯拉夫起义。在 1848 年革命期间普遍出现动荡的情况下，维也纳加强了对涅戈什的监视，并截获了他所有的通信。那一年，涅戈什支持泛斯拉夫主义者班约西普耶拉契奇努力抵制匈牙利语作为官方语言的方针。同年，涅戈什开始与塞尔维亚的亚历山大王子和政治家以利亚 · 加拉沙宁交换信件，后者试图获得塞尔维亚重获出海口的机会并重振中世纪的塞尔维亚帝国。黑山的地理位置使其对加拉萨宁特别重要，因为它靠近亚得里亚海。1848 年 4 月，涅戈什在采蒂涅秘密接待塞尔维亚使者马蒂亚斯 · 潘，两人讨论了煽动波黑、黑塞哥维那和"老塞尔维亚"（科索沃和马其顿）起义的计划，试图利用席卷欧洲的革命热情。涅戈什和亚历山大王子还达成了协议，如果塞族政府统一，亚历山大王子将被宣布为塞族人的世袭世俗领袖，而涅戈什将成为统一的塞尔维亚东正教会的主教。

1849 年，彼得罗维奇 · 涅戈什开始了不停地咳嗽，很快科托尔的一名医生发现他患有结核病。到 1850 年初，涅戈什的病情加重，开始危及生命。他痛苦地意识到黑山没有一个训练有素的医生，于是他在春天前往科托尔并写下了遗嘱，意图防止在他自己成为弗兰迪卡之前曾经发生的权力斗争重现。他将遗嘱邮寄给杜布罗夫尼克的副领事加吉奇，并要求他在恢复健康的情况下将文件归还。涅戈什然后前往威尼斯和帕多瓦，在那里他得到了充分休息，似乎病情被成功地控制住了。8 天后他的咳嗽复发了，他离开帕多瓦回到黑山，希望这个国家的新鲜山区空气可以减轻他的症状。到 1850 年 11 月，他的咳嗽减弱，于是他再次前往意大利，与塞尔维亚作家柳博米尔·内纳多维奇一起前往意大利西海岸旅游，讨论哲学和当代政治，《来自意大利的信件》一书中记录了这一旅程。

彼得罗维奇·涅戈什于 1851 年 8 月返回采蒂涅，他的健康状况迅速恶化。10 月 31 日涅戈什在采蒂涅去世，此时距离他的 38 岁生日只有两周的时间。

彼得罗维奇家族从 1696—1918 年一直是黑山的君主。彼得罗维奇·涅戈什当了 20 年左右的黑山主教，在政治上为黑山的独立做出了巨大的贡献。同时他在文学领域也有着巨大的贡献。涅戈什的写作领域主要集中在塞尔维亚的民间传说、抒情诗和圣经故事中。涅戈什最著名的作品是《山地花环》《微观世界之光》《假沙皇小斯蒂芬》等史诗故事题材。著名的南斯拉夫诺贝尔文学奖获得者伊沃·安德里奇曾经广泛地阅读涅戈什的作品并写下关于涅戈什的作品。南斯拉夫领袖米洛万·吉拉斯则是涅戈什的崇拜者，并写下涅戈什的传记《诗人、王子、主教》，这本书是仅有的关于涅戈什的英文版传记。"二战"期间，涅戈什的作品《山地花环》是吉拉斯的随身物品。现在，涅戈什的作品在塞尔维亚人、黑山人和南斯拉夫民族主义者中仍然有着广泛的影响。

Chapter 02

黑山"石头城"孕育出的钢铁战士

——佩科·达普切维奇

　　佩科·达普切维奇（1913—1999），南斯拉夫历史上著名的政治家、军事家，并获得了"人民英雄"的荣誉称号。他出生于黑山王国采蒂涅，先后从贝尔格莱德大学和莫斯科伏罗希洛夫军事学院毕业，1933年加入南斯拉夫共产党，1937年参加西班牙内战，"二战"时期任南斯拉夫人民军第一集团军司令，1941年参加人民解放军，先后任黑山人民解放军和游击队总部司令、黑山第四无产阶级旅旅长、第二无产阶级师师长、第二突击军军长、南第一集团军司令。战后，佩科·达普切维奇历任南第四集团军司令、人民军副总参谋长、总参谋长，晋升上将，后期从军队转向政坛，历任南斯拉夫社会主义联邦共和国联络部部长、驻希腊大使、联邦共和国议会副主席。他为新南斯拉夫民族独立和人民解放，为国家的建设和发展做出杰出贡献。

01 / 弃笔从戎的大学生

1913 年 6 月 25 日，佩科·达普切维奇出生在以"石头城"著称的城市——采蒂涅。这座有着悠久历史的城市，当年是黑山古王国的国都，如今是黑山的政治、文化中心。整个采蒂涅就像一座博物馆和档案馆，是黑山历史的中心。达普切维奇的父亲是一名塞尔维亚东正教的执事，这在当时的社会并不是一份多么高贵的职业。年轻的达普切维奇并不想依循父亲的人生轨迹，而是立志求学，希望借助于文化知识找到真正适合自己的人生道路。达普切维奇自幼聪明好学，成绩优异，他的求学之路也一路顺遂，大学就读于巴尔干半岛地区的贝尔格莱德大学，学习法律专业。

如果按照正常的人生发展规划，佩科·达普切维奇大学毕业后应成为一名律师。这对当时的年轻人来说，不仅意味着将会拥有一份体面且高贵的职业，而且意味着即将拥有前途一片光明的人生。这位成绩优异的年轻人也对自己未来的人生充满期待。但达普切维奇注定是被时代选择并委以重任的人，时代将赋予他不同于常人的使命。仿佛命运的召唤一般，当时还在大学读书的达普切维奇偶然间接触到了南斯拉夫共产党，后来经过深入了解，他意识到共产党一直以来都在致力于南斯拉夫的民族解放事业，从事的是真正为国家和人民谋幸福的事业，这种为国为民的共产主义精神激发起了年轻人报效祖国的雄心。因此年轻的达普切维奇当机立断，决定弃笔从戎，迫切地希望为祖国的民族解放事业贡献自己的一份力量。

1933 年，他以大学生的身份加入南斯拉夫共产党，成为了一名真正的共产党员，并立即积极地投身到南斯拉夫共产党领导的民族解放事业中，这一果断且明智的决定，不仅改变了达普切维奇自己的命运，也在很大程度上影响了南斯拉夫的民族解放事业。佩科·达普切维奇在南斯拉夫民族解放过程中表现出卓越的军事和政治才能，使他成为南斯拉夫历史上著名的政治家、军事家，并获得了"人民英雄"的荣誉称号。

02 / 足智多谋的军队指挥官

1935 年的欧洲政局风云变幻，战争的威胁逐渐逼近。面对法西斯日益猖獗，共产国际提出了建立人民阵线，团结无产阶级以及其他一切进步力量，以抗击法西斯势力的号召。1936 年 7 月，西班牙国内反共和的右翼党派和反动军官阴谋策划叛乱，以颠覆西班牙共和政府。短短几个月时间，叛乱在西班牙各大城市蔓延。这时，世界各地的反法西斯主义者团结一致，掀起了声援西班牙人民的群众运动。这种声援的最高表现就是著名的国际纵队的组成，在整个战争中，先后成立了 7 支国际纵队。1937 年底，佩科·达普切维奇跟随成立的最后一支国际纵队奔赴西班牙作战，年轻的战士英勇善战，屡屡立下战功。在此期间，先后参加国际纵队的志愿军总人数 3.5 万多人，不少国际著名的反法西斯战士在国际纵队担任过领导工作。达普切维奇和每一名国际纵队的志愿军战士一样，入伍时也曾在一份誓言上签过名，这一誓言的结尾是这样的："我自愿来到这里，为了拯救西班牙和全世界的自由，如果需要，我将献出最后一滴血。"在马德里保卫战和其他重大战役中，他们实践了誓言，表现出非凡的军事素质，无所畏惧的战斗精神。有 5000 名志愿军战士在斗争中献出了生命，长眠在西班牙的土地上。1938 年 10 月，根据西班牙共和国政府的决定，国际纵队开始陆续撤出西班牙，达普切维奇也回到祖国，继续投身民族解放运动。参加国际纵队赴西班牙作战的经历让这位年轻的共产党员看到了国际共产主义力量的强大，看到了共产主义的积极作用，这更加坚定了达普切维奇追随南斯拉夫共产党进行民族解放事业的决心。

随后，第二次世界大战爆发，南斯拉夫遭到法西斯国家的侵略，于 1941 年沦陷。此时的佩科·达普切维奇任黑山人民解放军和游击队总部司令，带领军队参加南斯拉夫共产党领导的起义。达普切维奇领导的军队英勇善战，不怕牺牲，很快就取得了丰硕的战果，在全国各地建立起一片片的解放区，这些解放区的建立为后来反法西斯战争的胜利打下坚实的基础。革命进程并不总是一帆风顺的，在 1942 年 4 月德国军队和意大利军队联合"切特尼克"反动派发动的围攻中，武器装备简陋的黑山游击队被敌军的围攻打了个措手不及，游击队遭受重大的损失。为了最大限度保护剩余游击队力量，此时改任黑山第四旅旅长的达普切维奇不得不带领游击队撤出了解放区，向波斯尼亚转移。

因为当时战争形势迫切需要建立更多的解放区来支持民族解放事业，这一艰巨的任务就由经验丰富的达普切维奇来完成。接到任务后，他领导自己的部队并联合其他的兄弟部队分别在1942年9月和11月解放了克拉伊纳地区的亚伊策市和比哈奇市，为开辟新解放区做出了重大贡献。新解放区的建立极大地鼓舞了战士们的士气，也体现出了达普切维奇卓越的军事指挥才能。当年11月1日，达普切维奇升任第二无产者师师长，下辖第二无产者旅、第四无产者旅和第二达尔马提亚旅，共有2680名战士。如今虽然这些战士的姓名我们无从知晓，但他们每个人为民族解放事业英勇奋斗的高尚精神永远值得我们铭记和学习。

03 / 经典电影《桥》的原形 ——奈雷特瓦战役

时间来到了1943年。这一年，第二次世界大战发生了根本转折。1943年初，苏联红军在斯大林格勒保卫战中取得了重大胜利，盟军在北非战场和太平洋战场已从战略防御转入战略反攻。秋季，意大利法西斯投降，轴心国宣告破产。同盟国在各个战场的节节胜利鼓舞了欧洲各国被奴役人民战胜纳粹和争取解放的信心。南斯拉夫人民的解放斗争在这一年中也进展迅速，并取得了重大成就。他们接连粉碎敌人的3次攻势，并一鼓作气地在随后的奈雷特瓦战役和苏捷斯卡战役中写下了革命英雄主义的篇章。到1943年末，南斯拉夫人民解放军和游击队已拥有30万名装备较好的战士，解放了一半国土。

1943年1月3日，德军"E"集团军群最高指挥部司令官亚历山大·列尔将军到达罗马，同意大利最高统帅部的高级指挥官会晤，达成了在南斯拉夫立即实施3个作战方案的协议，主要战略目标是分割解放区，围歼南斯拉夫人民解放军的主力和最高司令部。在这次攻势中，敌人集中了4个德国师、3个意大利师和2个吉斯林师，总共约8万人，向2万南斯拉夫人民解放军发起进攻。

战斗首先在科尔顿、巴尼亚、利卡和波斯尼亚的克拉伊纳等地的解放区激烈展开。1月20日，15万人的法西斯军队（其中，"乌斯塔沙"2个旅，德军4个师又1个团，意军3个师，切特尼克2万人的部队）在200多架飞机的掩护下，开始围攻西波斯尼亚解放区和克罗地亚中部解放区，而这里的游击队只有两个无产者师和第三突击师1万余人，部队只得且战且退，向奈雷特瓦河方向转移。1月29日，比哈奇解放区失守。2月8日，德、意侵略军指挥官在贝尔格莱德策划于2月25日起开始"白色II号作战方案"。该方案确定在波斯尼亚发起新攻势的同时，要消灭那些突围的游击队。在这次会议上，德、意占领军商定放弃解除切特尼克武装的"白色III号作战方案"。同一天，人民解放军和游击队最高司令部在杜夫诺召开第一、第二无产者师和第三突击师的司令员及政治委员紧急会议，决定将克罗地亚第一军和波斯尼亚第一军暂时留下阻击敌人，其他师和旅转入反攻，向东南方向的黑塞哥维那、黑山、桑贾克和塞尔维亚突围，以避开正面作战。

为了突出重围，佩科·达普切维奇指挥第二无产者师和达尔马提亚游击队解放了伊莫茨基、波苏谢，以及奈雷特瓦河谷的亚布兰尼察和德雷日尼察，为总部的转移打开了通道。但是人民解放军和游击队带着超过10万名老百姓，同时由于日夜行军，部队疲惫不堪，加上严寒和饥饿，伤病员人数日益增多，成为部队沉重的包袱。作为后方根据地，医院一开始就集中了来自各个战场的2000多名伤病员，在两个月的战斗中这个数字节节攀升，最终增加到了45000人。主力部队花了3个星期的时间才撤到奈雷特瓦河谷，这时河上的大桥早已经被敌机炸毁，德国人也从四面包围上来，游击队已经陷入了绝境。

这里山势陡峭，河流湍急，前面是急流滚滚的奈雷特瓦河，后面是穷凶极恶的追兵。在危急时刻，佩科·达普切维奇镇定自若，采取了迷惑敌人的计谋，他下令炸毁河上的桥梁，派部队向河右岸佯攻，摆出背水决战的阵势。敌人以为游击队放弃了渡河的打算，要重新返回波斯尼亚，从而放松了对奈雷特瓦河的监控。1959 年拍摄的那部著名的南斯拉夫电影《桥》，在 20 世纪 60 年代曾在中国城乡广泛公映。片中的突击队历经千辛万苦，付出惨重代价，终于炸毁了德军后撤路线上的关键大桥，使其陷入了南斯拉夫军队的包围圈。而在 1943 年 3 月 6 日这天，愁眉苦脸站在断桥边的并不是德国人，而是南斯拉夫人。亚布兰尼察虽然被第二无产者师占领，但横跨奈雷特瓦河的铁路大桥却已经被炸毁了。而且河南的桥头和山上还有数千名"切特尼克"的反动军队据守。他们修好了地堡，架上了机枪，仿佛是不可逾越的天堑。与此同时，德国党卫队第七山地师也已经突进到离奈雷特瓦河北岸很近的地方，第二无产者师在梅德朱格里捷山与其展开血战，竭力阻止其靠近最高司令部。

德军第七山地师的士兵全是生活在南斯拉夫、罗马尼亚、匈牙利等东欧地区的日耳曼人，军官则为抽调来的德国和奥地利现役军人，全师官兵 21500 人，装备为全系列捷克产轻武器和法国轻型坦克，虽然在德军中算是比较差的，但对付拿着简陋武器的游击队还是绰绰有余。更何况这支部队的成员由于在原来的国家里是少数民族，普遍遭受过当局的欺压和歧视，所以一旦被武装起来后，报复欲望就使其显得特别残忍，在清剿游击队的行动中制造了许多屠杀事件。同时也给其带来了非同一般的战斗力，成为游击队最可怕的对手。第二无产者师同样也是游击队的精锐，但人数和装备上则远远不及他的对手，战斗进行得异常残酷和艰难，阵地多次被敌军攻陷。这时佩科·达普切维奇得到了司令部派来的第一坦克连的支援，装备了10辆从意大利人那里缴获的CV33/35超轻型坦克。虽然这种坦克装甲和火力都很薄弱，但由于德军第七山地师缺乏反坦克武器，还是在反击德军突入时发挥了重大的作用，而德国人的法制索玛——35坦克却被游击队手中的47毫米意大利反坦克炮击毁了不少，敌人的攻势终于被暂时地遏制住了。

虽然德国人暂时被挡住了，但"切特尼克"部队却还被拦在游击队的生命之路上。佩科·达普切维奇别无选择，他决定采取一个风险性很大的计划：从打头阵的达尔马提亚第二旅中挑出了一批志愿者组成突击队，趁着夜色徒手从河谷里攀登断桥，嘴里则咬着松开盖的手榴弹。不一会儿，敌人的阵地上就响起了此起彼伏的爆炸声。认为游击队已经插翅难飞的"切特尼克"军人被突如其来的打击迅速击溃。游击队第二旅的主力3个营随即展开强攻，夺取并扩大了桥头堡阵地，很快击溃了山上的敌军。而奈雷特瓦河谷以北的德军第七山地师也被达普切维奇牢牢地"钉"在原地无法前进半步，游击队主力终于成功地渡河进入黑山北部。到3月15日，人民解放军的第一、二、三、七师和第九师完成转送伤病员的任务，连同最高司令部一起到达河的左岸。在撤退途中，游击队同敌人展开了激烈的争夺战，付出了重大的牺牲。德军曾迅速调动部队堵截和出动约150架飞机进行空袭，并派了2支摩托化部队赶到亚布拉尼察，但为时已晚。

04 / 反"围剿"战争中的先锋部队

1943 年 5 月，德军再一次发动了攻势。这次攻势在德国军事文献中被称为"黑色行动"。在这次攻势中，德国、意大利、保加利亚出动的军队和伪军共达 127 万人，在飞机、坦克和大炮的配合下，向刚刚进入桑贾克和黑山的 100 多万人（另有 3500 名伤病员）的游击队猖狂进攻，时间从 5 月 15 日持续到 6 月 15 日。

5 月 15 日，德军第一山地师、第一一八师、第三六九师以及其他占领军和伪军，沿萨拉热窝东南的福恰、戈拉察、杜尔米托尔至波德戈里察一线发动进攻，妄图彻底消灭人民解放军主力。在这次攻势中，南斯拉夫人民解放军和游击队进行了可歌可泣的苏捷斯卡战役。前不久刚刚从德军的"围剿"中突围出来的游击队在黑山北部一鼓作气地击败了意大利军队，但也引来了德国人的追杀，17.5 万德、意、保和乌斯塔沙联军再度包围上来。黑山区域狭小，地势复杂，回旋余地不大，因此扶老携幼的游击队很快就被德军包围在了皮瓦河和苏捷斯卡河之间的一条狭窄通道内，再度陷入危险的绝境。在皮瓦河、苏捷斯卡河和德里纳河交界处的武切沃高地是突围战斗中的重要阵地，同时，这个高地也是党卫队第七山地师的攻击目标。因此，达普切维奇必须要率部火速前进并占领该阵地。

5月29日，人民解放军和游击队最高司令部决定停止向塞尔维亚进击。鉴于从福恰地区向北突破已不可能，不得不选择苏捷斯卡河为突破口，以便向波斯尼亚中部和东部集结。但在此时，双方几万兵力已集中到泽兰戈拉山脉和苏捷斯卡河峡谷地段，形势十分危险。最高司令下令兵分两路，突出重围。几天后，这路军队突破未成功，转而随同第一路军一起北上。5月30日，就像我国的经典电影《南征北战》里面的情节一样，在山坡的两面，两支彼此敌对的部队几乎同时开始了攀登。就在党卫队士兵只有几分钟到达山顶的时候，无产者第二旅已经先于他们占领了制高点。居高临下的游击队员一举将这个老对手赶到山下，缺乏重型攻击武器的党卫队第七山地师对待这种局面一筹莫展，激战数日而一无所获。6月6日，德军"F"集团军群司令官李斯特亲临前线指挥，在苏捷斯卡河上游的上巴拉和下巴拉高地，第七山地师得到了第一一八步兵师炮兵的支援，开始对高地发动猛烈进攻，给游击队守卫部队造成了巨大伤亡。靠着第二无产者师的浴血奋战，游击队主力终于在德军三六九师的防线上打开了一个小小的缺口，溃围而出。

在突围的最后阶段，又发生了一个惊险而有趣的小插曲：主力已经越过公路突围，但后续部队被德国坦克部队拦住了去路。无产者第二旅的几名炮兵不肯执行埋藏重武器的命令，携带着一门仅剩下 3 发炮弹的反坦克炮隐蔽在公路旁的灌木丛中，等待敌人的坦克一直开到只有 10 米远的地方，他们用两颗炮弹击毁了前两辆坦克，其余的坦克不知虚实便后撤了，从而使后续部队也得以突围。人民解放军部队白天打仗，夜里行军。战士们既不能睡觉，也没有食物充饥，只能吃马肉和野草。在这次力量悬殊的战役中，人民解放军投入战斗的部队损失了 1/3，牺牲近 8000 名指战员。人民解放军部队经过 30 天的浴血奋战，终于突破敌人的包围，进入波斯尼亚东部，并于 7 月初解放了部分区域。苏捷斯卡战役是一曲革命英雄主义的凯歌，铁托在评价这一战役时说："我们粉碎了敌人铁一样的包围。尽管我们饥饿和疲倦，但我们还是立刻从敌人那里夺回了东波斯尼亚。这样的军队只有共产党才能培育出来。"

这两次反"围剿"的胜利，大大提高了南斯拉夫人民解放军和游击队在世界反法西斯斗争中的声望。1943 年 7 月 3 日，盟军地中海司令部亚历山大元帅在致南斯拉夫人民解放军和游击队最高司令部的信中，对南斯拉夫人民解放军在苏捷斯卡战役中的英雄气概表示赞叹。他说："在你们反对侵略者斗争的危急时刻，我们谨向你们祝贺，并表示良好的祝愿。你们最近的成就和对列尔元帅的重大胜利，也鼓舞了我们的战士。"

在这两次反"围剿"战争中，佩科·达普切维奇领导的军队表现英勇，发挥了重要的作用。1943 年 10 月 10 日，达普切维奇升任第二突击军军长，下辖第二无产者师和第三突击师。不久以后又编入了两个新建的师：第二十九黑塞哥维那师和第三十七桑贾克师，在黑山、桑贾克和黑塞哥维那一带活动。1944 年，达普切维奇改任第一无产者军军长，下辖第一无产者师、第六"尼古拉·特斯拉"师、第六师、第十七师、第二十一师，他的任务是从波斯尼亚东部和黑山打回塞尔维亚境内。是年 6 月中旬，第一军在波斯尼亚西部、中部和利卡等地先后与德国第十五山地军、党卫队第五山地军和第六九军发生激战，许多城镇被陆续解放。战至 9 月底，随着德军为了避免被从保加利亚杀过来的苏联红军切断退路，第一军部队开始从巴尔干半岛且战且退，1.5 万名"切特尼克"兵也撤到波斯尼亚东部。第一军已经推进到离首都贝尔格莱德不到 30 公里的地方，德国建立的奈迪奇傀儡政权彻底垮台，伪政府的高级官员纷纷逃离南斯拉夫。10 月 4 日，第一军与苏联托尔布欣元帅的乌克兰第三方面军在塞尔维亚与希腊之间的莫拉瓦河谷会师。20 日，在苏联第四摩托化近卫军的协助下，第一军开入贝尔格莱德，解放了这座被敌人占领 3 年多的首都。11 月初，达普切维奇率部配合苏军解放了伏伊伏丁那和塞尔维亚的大部分地区。苏军开始转向匈牙利作战，把南斯拉夫境内的德国"E"集团军群留给了南斯拉夫人民解放军自己解决。这段短暂的合作让达普切维奇心中十分不快，他在给铁托的报告中提到苏联红军居然从来没听说过南斯拉夫有解放区的存在。尽管在清除贝尔格莱德附近的敌军阵地时，南斯拉夫人民军队发挥了主要作用，但是南斯拉夫人仍然得不到苏联军人的尊重。少数苏联士兵的胡作非为也给他留下了恶劣的印象。佩科·达普切维奇在后来南苏交恶时坚定地站在了铁托的一边。塞尔维亚和伏伊伏丁那的解放使德国从希腊撤出"E"集团军群，以便在塞尔维亚东部—阿尔巴尼亚北部建立防线的计划破产。该集团军被迫转战 3 个月，在兵力和装备损失巨大的情况下，经过科索沃、桑贾克、黑山和波斯尼亚撤到斯拉沃尼亚境内，并于 1944 年底沿亚得里亚海—莫斯塔尔—多瑙河建立了一条比原计划偏西约 300 公里的新防线。

1945 年 1 月 1 日，佩科·达普切维奇升任第一集团军司令，下辖第一无产者师、第六"尼古拉·特斯拉"师、第五突击师、第十一突击师、第十二突击师和第一装甲旅。3 月 23 日，又增加了一个工兵旅。他的任务是与科查·波波维奇的第二集团军一起向萨瓦河方向压迫敌人，沿着贝尔格莱德—萨格勒布（今克罗地亚首都）—卢布尔雅那（今斯洛文尼亚首都）一线推进。作为四大集团军的主攻方向，最高司令部不断地给第一集团军增兵添将。4月3日，第十七、第四十二、第四十八突击师和第二无产者师被划入达普切维奇麾下；7日，又增加了二十二师和第二装甲旅。4月12日，第一集团军不负众望突破了斯雷姆地区的德国三十四军的防线，迅速解放了斯拉沃尼亚东部的铁路枢纽武科瓦尔和文科夫奇。5月8日，第一集团军和第二集团军的一部解放了萨格勒布。卢布尔雅那也于次日被进行敌后游击战的斯洛文尼亚第七军解放。这时候达普切维奇又遇到了老对手德军第七山地师，致使该师伤亡惨重，残部被包围在斯洛文尼亚的比斯垂卡负隅顽抗，至5月15日终于被彻底消灭。

05 / 从军队到政坛的成功转型

1945年3月，南斯拉夫由当时流亡的王国政府和铁托领导的"民族解放委员会"组成联合政府。反法西斯战争取得完全胜利以后，同年 11 月 29 日，南斯拉夫共产党及其领导的南斯拉夫人民解放军和游击队控制了国家政权，铁托排除与整肃了其他政敌，建立起新的国家——南斯拉夫联邦人民共和国，1963 年再改名为"南斯拉夫社会主义联邦共和国"。

佩科·达普切维奇作为南斯拉夫人民军队和游击队的主要领导人之一，在南斯拉夫人民的反法西斯战争中表现出了出色的军事才能和政治头脑，特别是在奈雷特瓦河战役和苏捷斯卡战役这两次最重要的战役之中，力挽狂澜，立下了不可磨灭的功勋。

战后的佩科·达普切维奇只身前往苏联莫斯科伏罗希诺夫高等军事学院留学，学成后回国再次回归军队，先后担任南斯拉夫人民军第四集团军司令、人民军副总参谋长，并在 1953—1955 年期间接替波波维奇任人民军总参谋长。达普切维奇不仅军事才能出众，而且具有极高的政治素质，是一名难得的政治外交人才。从军队退役后，达普切维奇转而步入政坛，1955 年以后曾历任南斯拉夫联邦执行委员会委员、联邦交通和联络部长、驻希腊大使、联邦共和国议会副主席等职，并在每一个他担任过的职位上都取得了显著的成就，为南斯拉夫社会主义联邦共和国的内政和外交事业做出了卓越贡献。

作为南斯拉夫社会主义联邦共和国重要领导人的达普切维奇与中国也有着不解之缘。1974年，中国对南斯拉夫社会主义联邦共和国发出了友好访问的邀请。当年9月23日，时任南斯拉夫社会主义联邦共和国联邦议会副议长的佩科·达普切维奇率议会代表团，应邀前来中国进行访问。达普切维奇及其代表团全体成员受到了朱德、邓小平等领导人的亲切会见，双方领导人进行了和谐、友好的谈话。宾主双方表示互相了解、互相支持，以促进两国友谊的进一步发展。访问期间，达普切维奇表达了对中国的喜爱之情以及对中国人民的美好祝愿，他说中国具有悠久的历史，一直以来都对世界的和平与发展起到了重要的推动作用，如今的中国更是世界民族之林中最重要的力量之一，积极发展与中国的友好关系，是世界各国都应做出的正确决定，这次来华访问，更加坚定了自己对中国的敬佩之情。中国与南斯拉夫社会主义联邦共和国同样作为社会主义国家，更应该加强合作，共同进步，为社会主义事业贡献更多的力量。达普切维奇也表示，自己一直以来都非常喜欢中国的传统文化，这次来华访问也达成了自己来中国参观学习的愿望，此行收获颇多，并希望以后有机会再次来华访问。达普切维奇的这次访华之旅，极大地促进了中国与南斯拉夫社会主义联邦共和国的友好关系，双方的友好交流与合作，为世界其他国家的友好交往活动树立了积极的榜样，并且为当时世界的和平与发展事业做出了巨大的贡献。

退休后的佩科·达普切维奇选择在家乡安享晚年，于1999年2月13日去世，享年86岁。达普切维奇一生轰轰烈烈，精彩纷呈，但晚年仍有遗憾。他在去世前的最后一段时间目睹了当年自己亲手参与建立的联邦分裂，目睹了50年前曾并肩作战、抵抗外侮的各民族自相残杀，也目睹了剧变后的南斯拉夫在北约的轰炸下最终战败，主权沦丧。老将军想必是百感交集、痛不欲生吧。

塔拉河峡谷大桥位于黑山北部，横跨欧洲最深的塔拉河大峡谷，是一座钢筋混凝土公路桥，全长366米。它初建于1940年，在第二次世界大战期间被炸毁，后于1946年重建并保留至今，《桥》就是根据当年游击队炸桥的史实改编并在此拍摄的。

1944 年，第二次世界大战接近尾声，在南斯拉夫境内面临东西夹击的德军已走到了失败的边缘，然而他们仍不死心。为了挽救危局，德军计划从希腊经南斯拉夫撤退回本国，为了能够顺利地撤退，他们要竭力保住一座撤退途中必经的桥梁。与此同时，一小队南斯拉夫游击队员奉命前去炸毁这座桥梁，桥又高又险，任务极其艰巨。炸掉这座大桥将阻断德军的退路，更有利于反攻。德军当然也明白这座大桥的重要性，他们部署了一个团的兵力守卫，还安排了对付游击队的专家党卫军上校霍夫曼坐镇在军营中，大桥四周可谓戒备森严。游击队在步步逼近目标的秘密潜入过程中，不幸被德军守备队发现，战士班比诺为了掩护全体战友脱险，孤身留守阻挡顽敌，不幸负伤后又大声呼叫退走的战友将手榴弹投向自己，杀身成仁，不当俘虏。为了炸桥，游击队找到了桥的设计者——一位工程师，经过一系列周密的安排和惊险曲折的斗争后，多名游击队员前仆后继，最终由工程师亲手炸掉了自己设计建造的桥，自己也与其同归于尽。

影片中,"可惜啊,真是一座好桥"这句台词出现了数遍,前后呼应充满了宿命感。而《啊,朋友再见》曲调的反复出现更是让本片充满了悲凉无奈的感觉。那曲《啊,朋友再见》也在 20 世纪 70 年代风靡中国,且传唱至今。

啊朋友再见,啊朋友再见,

啊朋友再见吧、再见吧、再见吧!

如果我在,战斗中牺牲,

请把我埋在那山岗上……

冉冉升起在黑山之巅的导演之星

——维尔伊科·布拉吉

维尔伊科·布拉吉（1928—），著名的电影导演、编剧、演员，代表作品有《萨拉热窝谋杀事件》《核战新娘》《英雄》等。维尔伊科·布拉吉出生于黑山共和国的尼克希奇市，从1952年担任导演开始便执导了多部影响深远的影片，并得到国际影坛的广泛认可，如以前南斯拉夫反法西斯第三次战役为题材的《科扎拉之战》（1962年）开辟了游击队电影的先锋，成为游击队电影的代表之作；曾获得奥斯卡金像奖提名的《跨越纳若维河》（1969）。维尔伊科·布拉吉坚持不懈地致力于制作精良、创新的电影，将自己的才华与天赋都奉献于电影事业，为黑山人民编织着热烈的艺术之梦。维尔伊科·布拉吉还是联合国教科文组织卡林加奖获得者，不过他大部分时间都在克罗地亚工作。

01 / 战争年代的血与痛

维尔伊科·布拉吉于1928年3月22日出生在现在黑

山共和国的尼克希奇市。尼克希奇是黑山西部的一个城市、尼克希奇区的首府。尼克希奇也是黑山第二大城市，从南斯拉夫时代起就是重要的工业、文化和教育中心，包括黑山总统米洛·久卡诺维奇在内的众多黑山名人都出生在这里。由于当时黑山隶属于南斯拉夫，成员国之间互相交流很多，因此布拉吉可以很方便地往来于这些加盟国之间。

维尔伊科·布拉吉经历了第二次世界大战，当时 13 岁的他为参加抵抗运动，加入了南斯拉夫游击队。1941 年 4 月 6 日，德国军队侵入南斯拉夫，至 4 月 17 日，南斯拉夫正式投降，6298 名军官和 337864 名士兵当了俘虏。南斯拉夫从战争开始到战败，仅仅 10 天时间。此后，南斯拉夫开始了它的游击战时代。"二战"时期，要论步兵实力最强，估计要数南斯拉夫的人民军了，也就是铁托领导的游击队。他们的武器装备并不算好。他们的最强主要表现在战术方面。铁托当时领导的南斯拉夫游击队，比当时中国抗战的条件还要艰苦。南斯拉夫游击队首先是成立时间比较短，1941 年才成立，当时德军已经占领了南斯拉夫。而从建立之初南斯拉夫游击队就一直和疯狂的德军进行较量。且南斯拉夫国土面积小，回旋余地较小，先后还进行了 7 次大规模战役，而就因为这 7 次战役，粉碎了德军的围攻。

维尔伊科·布拉吉在 13 岁的年纪就加入了南斯拉夫游击队，对他精神与灵魂的铸就起到了很大的作用。13 岁的少年，对国家独立、民族解放一类的概念还是懵懵懂懂的，但是在整个国家和大环境的影响之下，他在心里渐渐种下了这样的种子，那就是为了胜利可以不惜牺牲自己的生命，而战争的胜利是为了赢得国家的独立。就是在这样的精神激励下，他在战争环境极其恶劣的情况下，仍然在坚持着。不幸的是，他和哥哥都在战争中受了伤，并且在战争的混乱之中，他和他的家人还曾被囚禁在一个意大利法西斯的集中营。该集中营在意大利驻巴尔干的意军统帅马里奥·罗塔将军的授意下建立，集中营的条件可以说相当恶劣：肮脏、拥挤，蚊虫滋生。所有的人都住在最简单的帐篷里，每天只有一点点汤、米饭和小片面包，几乎所有的人只能慢慢等着饿死。所有的犯人经常因为争夺日常用水而打架，这样反而加速了他们体能的消耗，让他们距离死亡更近一步。在意大利北部的墨索里尼建立的萨罗共和国中，墨索里尼政权大肆屠掠。法西斯疯狂的统治引发了大规模的反抗，游击队纷纷建立起来。

虽然战争一直在继续，但维尔伊科·布拉吉并没有放弃自己的学习。"二战"结束后他成功地考取了现在位于波黑萨拉热窝的高中，并且成功从那里毕业。毕业后的布拉吉并没有马上走上社会，因为他之前游击队员的身份，让他在第二次世界大战结束后被派遣到萨格勒布的南斯拉夫人民军基地驻扎。在那里待了几年后，布拉吉走向了社会。为了生活，布拉吉做过编辑，也当过演员。也是在这个时候，布拉吉对电影产生了浓厚的兴趣，他将自己的主要精力放在了电影事业上。

正是由于经历过这样残酷战火的洗礼和艰难的生存环境，为维尔伊科·布拉吉之后选择电影导演的道路、拍摄有关反法西斯的电影奠定了基础。在集中营里，他和家人相依为命，经历了精神的折磨以及身心考验的极限。靠着一点点汤水和面包，靠着家人的相互支持和照顾，勉强捡回一条命。亲身经历过的苦难和在书本上了解的苦难是截然不同的。维尔伊科·布拉吉在年幼的生命体验中存储了有关生命的劫难以及战争灾难的记忆，而作为灾难幸存者的他也明白这记忆对于他个人、自己的民族以及整个世界的重要性。战争的残酷摧残了人性中善的一部分，更将反动分子的残忍、罪恶充分暴露。在维尔伊科·布拉吉成为导演之后，他便开始了对于游击队电影的挑战，力图将自己记忆中的精髓传达给后人。也是因为布拉吉亲身经历过南斯拉夫艰苦卓绝的游击战争，让他产生了强大的精神动力支撑着他完成一次又一次的电影拍摄，成为游击队电影导演拍摄的佼佼者，而比电影所带给他个人事业上的成功更重要的是，他的电影成为记录战争的另类记忆，他要为现代人及后人提供必不可少的精神食粮。

1952 年，维尔伊科·布拉吉开始担任导演，并执导多部电影。布拉吉的第一部导演作品是电影《风暴》。这是一部短片电影，并没有引起太大的反响，也算是布拉吉的一个小试探。之后布拉吉又指导了一部小短片，同样没有引起太大的反响。也是这两次不太理想的处女作，让布拉吉认识到自己在电影方面还有所欠缺，于是他准备去专业的院校学习，他选择了意大利电影学院。

02 / 导演之路的起步

1959 年，维尔伊科·布拉吉从意大利电影学院毕业。随后，他回到南斯拉夫，担任意大利电影传奇人物费德里科·费里尼和维托里奥·德西卡的助手。也是在这一年，布拉吉指导了自己的成名作品《没有时刻表的列车》。这部电影讲述了为了搬到新的未开发的农田而强行离开祖屋的人们的故事。电影首演就在南斯拉夫国家电影奖（现称"普拉电影节"）上获得四项大奖，获得萨格勒布市颁发的奖项以及戛纳电影节最佳首演电影奖。同时这部电影也获得了奥斯卡最佳外语片的提名。

《没有时刻表的列车》是维尔伊科·布拉吉的成名作，让布拉吉在整个南斯拉夫一炮而红。紧接着 1960 年，布拉吉指导了他的另一部电影《核战新娘》，这是一部关于未来的科幻电影。《核战新娘》是一部关于世界未来的幻想片，尽管剧情荒诞，却寓意深远。影片由意大利著名电影编剧柴伐蒂尼创作，这也是他唯一写过的一本超现实剧作，影片原名《战争》，在北美上映的时候改名为《核战新娘》。这部电影同样获得了巨大的成功，在1960年普拉电影节上获得了三项大奖，其中包括最佳导演、最佳男演员和最佳舞台奖。同时在1960年威尼斯电影节上获得了金狮奖的提名。

两部电影的巨大成功，并没有让布拉吉满足，他开始将自己的目光瞄准到游击队战争题材的影片。那到底什么是游击队题材电影？游击队题材电影就是起源于南斯拉夫，主要描述通过游击战争反抗法西斯的电影，有许多是军方全程参与拍摄的，类似于美国西部片和日本时代剧（亦称"剑剧"），是典型的南斯拉夫电影。游击队题材的电影在南斯拉夫电影史上占有重要地位，因为它能够唤起人们对民族解放斗争的怀念。

而当时的国家形势和国家政策也成为维尔伊科·布拉吉拍摄游击队电影的坚强后盾。1943年10月，南斯拉夫人民解放军建立了游击队电影小组，也是最高参谋部管辖的电影处，最后改组为经营电影生产和发行的电影企业。解放后，南斯拉夫相继在联邦各共和国建立了电影制片厂：1946年建立了贝尔格莱德的明星制片厂和阿瓦拉制片厂、萨格勒布的亚德兰制片厂、卢布尔雅那的特里格拉制片厂、斯科普里的瓦尔达尔制片厂，1947 年建立了萨拉热窝的波斯纳制片厂，1948 年建立了采蒂涅的洛夫森制片厂。1946 年开始定期生产新闻片。1947 年，新南斯拉夫的第一部有声故事片《斯拉维察》摄制完成（编剧兼导演 V. 阿弗里奇，摄影斯克里津），影片描写了一位为民族解放而献身的女英雄。这部作品为以后多年拍摄游击队题材电影打下了基础，这是对南斯拉夫领导的游击队，在第二次世界大战期间，从 1941 年到 1945 年的历史回顾。这些电影的拍摄，往往是"国家行为"，投入资金大，有大量的南斯拉夫人民军的指战员参加。《内雷特瓦河上的战役》被称为"南斯拉夫最昂贵的影片"。据官方估计，这部电影需要在内雷特瓦河建造一座桥梁、四个村庄和一个堡垒，并在影片中将被摧毁。出演这部影片的人员由 1 万名南斯拉夫人民军官兵参加，原拟经费 450 万美元，而来自美国的消息称，该片拍摄耗费约 1200 万美元。许多著名的南斯拉夫演员以及世界著名的演员在这部电影中出镜，如奥逊·威尔斯、谢尔盖·邦达尔丘克、挪拉和弗兰克·席尔瓦等。另外一部游击队题材电影

《苏捷斯卡》邀请了世界著名的影视巨星理查德·伯顿出演人民军最高统帅约瑟普·布罗兹·铁托。这些游击队题材电影在南斯拉夫上映时大受欢迎。

03 / 鲜花和掌声

1962年，维尔伊科·布拉吉指导拍摄了影片《科扎拉之战》。布拉吉最著名的代表作便是《科扎拉之战》，该片讲述了第二次世界大战之中南斯拉夫7次著名战役中第四次战役发生的故事。第二次世界大战爆发后，希特勒迫使南斯拉夫于1941年3月25日签署议定书，加入德、意、日轴心国集团。南斯拉夫军民于26日夜发动政变，推翻政府。新政权宣布同德签订的协定无效。希特勒联合意大利于4月6日黎明向南斯拉夫发动大规模进攻。13日，德军占领贝尔格莱德。南斯拉夫王国的国王和大臣们纷纷逃亡国外。德、意法西斯侵略者以23个师的兵力迅速占领了南斯拉夫全境，南斯拉夫保皇党最高统帅部于 4 月 17 日宣布投降。第四大战役发生在 1943 年 1 月到 4 月，纳粹德军以及意大利、乌斯塔沙共 15 万人在 200 余架飞机的支援下，在被占领的南斯拉夫黑塞哥维那附近的内雷特瓦河，同铁托领导的游击队展开激战。

1943 年初，南斯拉夫解放军基本兵力驻在南斯拉夫中部西波斯尼亚和克罗地亚广阔的解放区。为消灭南斯拉夫解放军和彻底摧毁南斯拉夫民族解放运动，法西斯军队在勒尔上将的指挥下从 1943 年 1 月 20 日起发动了进攻。敌人为实施"白色—1"战役，调集了 4 个德国师、3 个意大利师和乌斯塔沙—道莫布兰的新编部队，共约 8 万人，三面包围了解放区西北部的南解放军。与法西斯对抗的是波斯尼亚第一军和克罗地亚第一军的部队以及游击队，总数约 2.5 万人。法西斯军队虽然兵力上占压倒优势，且有空军的强大支援，但并未完成受领的任务。只有党卫军第七师于 1 月 26 日在斯卢尼突破了南斯拉夫军队的防御，从西北向比哈奇进逼，使比哈奇—克柳奇交通干线和通往南斯拉夫解放军中央医院的道路面临被占领的威胁。战争爆发后，铁托领导的共产党游击队一直颇为活跃，但随着各地傀儡政权的建立，游击队被迫转移到乡村。1942 年 8 月，铁托本人率领党中央秘密撤退到波斯尼亚山区。游击队团结国内真正抵抗法西斯侵略的团体，抗战队伍逐渐扩大。鉴于战争形势，1945 年南斯拉夫人民解放军和游击队总司令铁托决定反攻。为此，要求在解放区西北部阻止住敌军向前推进，同时以解放区东南部的主要战役集群（编有 3 个师，即无产者第一、第二师和突击第三师）向东南实施突击，突破内雷特瓦河畔的敌军防御，然后向黑山和南塞尔维亚发展进攻，以利于进一步扩大这些地区的人民起义，粉碎敌人的图谋，并把占领者从这些地区赶走。

《科扎拉之战》于 1962 年 4 月 13 日上映。该电影由巴塔·日沃伊诺维奇等主演，上映之后立马引起轰动。影片讲述的是发生在 1942 年 3 月 31 日到当年 6 月的故事。当时德国以七一八步兵师、七一七步兵师第七三七团第三营；意大利第一山地师、第五山地师、二十二步兵师；克罗地亚"乌斯塔沙"的 3 个营以及克罗地亚地方卫队的一个营，对波斯尼亚东部、黑山北部以及桑扎克和黑塞哥维那东北地区展开了大规模的清剿，铁托领导的南斯拉夫游击队第一和第二无产阶级旅同敌人进行着殊死战斗。这其中科扎拉战役最为惨烈。1942 年 6 月到 7 月间，德军 15000 余人在 22000 个"乌斯塔沙"匪徒的配合下，对无产阶级第一旅的克拉伊纳突击大队驻守的波斯尼亚西北部的科扎拉山区进行了疯狂的扫荡。3000 名游击队员及部分当地百姓，为掩护群众进行了顽强抵抗。影片《科扎拉之战》讲述了这场残酷的战斗。据估计，在战斗中游击队损失了大约 1700 名士兵，成千上万的平民从科扎拉被送往集中营。通过这部电影我们感受到的是南斯拉夫整个民族不屈不挠的战斗精神，而该部电影也成为当时前南斯拉夫游击队电影的代表作，影响深远。这部电影赢得了 1962 年普拉电影节最佳电影奖、南斯拉夫国家电影奖，并进入第三届莫斯科国际电影节获得金奖。这部电影再次获得奥斯卡最佳外语片的提名。

1969 年，维尔伊科·布拉吉编写并导演了由奥森威尔斯和尤尔布林纳主演的传奇战争电影《内雷特瓦河战役》。内雷特瓦河战役是发生于第二次世界大战期间的一次战役。1943 年 2 月 16 日至 3 月 15 日，南斯拉夫人民解放军与德、意法西斯占领者及其帮凶乌斯塔沙—道莫布兰军队和"游击队"分子的新编部队，在内雷特瓦河河畔进行了一场大规模交战。内雷特瓦河交战是南斯拉夫人民解放军取得巨大胜利的一次交战。这次胜利具有重大的军事政治意义。它挫败了德军统帅部消灭南斯拉夫解放军主力和镇压南斯拉夫人民解放运动的阴谋。南斯拉夫解放军在内雷特瓦河粉碎了法西斯的"游击队"分子，致使其在南斯拉夫的活动彻底失败。其主要战役集群牵制住了敌军主力，并予以严重杀伤，从而改善了克罗地亚第一军和波斯尼亚第一军的态势，使他们几乎恢复了原先的西波斯尼亚和克罗地亚解放区。内雷特瓦河大捷促使南斯拉夫人民解放军的战斗力得到加强，队伍进一步壮大，推动了南斯拉夫人民民族解放斗争的蓬勃开展。南斯拉夫人民解放军在交战中显示出复杂情况下巨大兵力机动作战的高超艺术，表现了防御的坚定性和进攻的神速性。战士们表现出良好的战斗素质和勇敢的英雄主义。

这部电影已被全球超过 3.5 亿人观看，是有史以来制作最昂贵的南斯拉夫电影，拍摄这部大制作、大规模的影片历时 20 个月，耗资 1500 万美元，参拍人员达 15 万人之多，有美、英、法、意、苏等国家的演员参与拍摄，推出后在世界几乎所有国家放映过，影响深远。巴勃罗·毕加索（1881—1973，西班牙著名画家、雕塑家）为这部电影制作了英文版宣传海报，这是这位西班牙艺术家创作的仅有的两部电影海报之一。而且毕加索设计这幅宣传海报并没有收取报酬。布拉吉和毕加索在之前几年的蒙特卡洛电影节上相遇，当时布拉吉因为他的电影获得了大奖，而毕加索在看过马塞尔·阿查德电影的预演后决定参加这次活动，并最终和布拉吉相遇。《内雷特瓦河战役》的配乐由奥斯卡获奖作曲家伯纳德·赫尔曼（1911—1975，美国著名电影配乐作曲家）创作，该片被提名为奥斯卡最佳外语片奖。当时南斯拉夫总统铁托及其夫人约万卡·布罗兹一起出席了电影的首映式。2010 年，第三十二届莫斯科国际电影节委员会将《内雷特瓦河战役》纳入其有关第二次世界大战的 10 部最重要电影之列。2018 年 1 月 16 日，斯洛文尼亚共和国政府向塞尔维亚共和国提出正式请求，要求将该影片的原件送交斯洛文尼亚并正式承认其为国家文化遗产的一部分，然而布拉吉并不同意斯洛文尼亚的这种做法。

1975 年，维尔伊科·布拉吉指导了电影《萨拉热窝谋杀事件》。这部电影为我们讲述了奥匈帝国在 1878 年占领了巴尔干半岛的波斯尼亚后，84 岁高龄的约瑟夫皇帝不大敢轻举妄动，而他那野心勃勃的侄子斐迪南却一面紧盯着皇位，一面紧盯着塞尔维亚。他手握兵权，一心想寻找出兵的借口。此时波斯尼亚人民反抗奥匈帝国的斗争风起云涌。许多社会青年和在校大学生成立了"青年波斯尼亚"的爱国组织。他们游行示威，对统治者的暗杀活动也时有发生。当时流亡在塞尔维亚的"青年波斯尼亚"成员加弗里洛、奈戴利科和特里夫科闻讯后，从贝尔格莱德出发，在许多爱国者的协助下，几经周折，越过层层封锁，潜回萨拉热窝，并与当地同志共同订下刺杀斐迪南的计划。后来，这些热血青年当场被警察逮捕，献出了宝贵的生命。他们进行的暗杀活动未能动摇帝国主义的统治，却点燃了第一次世界大战爆发的导火线。

在上述三部电影的拍摄过程中，身为导演的维尔伊科·布拉吉非常辛苦。正如其他导演一样，人们更多的只会看到导演在电影取得成功之后的风光无限，却忽略了在荣耀背后的艰辛。身为导演的他为了能让电影顺利制作成功，身上背负了沉重的责任感。而只有每天不辞辛苦的拍摄才能将责任化为行动，而这也是身为导演的他的生活常态。不仅要兼顾演员的状态，还要保证电影拍摄的进度。因为焦虑和不安带给他的是身体的透支和不断加速的衰老。有参与同期电影拍摄的演员表示，看到了布拉吉因为拍摄艰辛不断增长的白发和日渐憔悴的容颜。然而，电影拍摄的信念支撑着布拉吉，让所有演员和工作人员感受到的是他用之不竭的无穷力量，大家被他的精神所深深感染，在电影的拍摄之中投入自己最大的精力和智慧，只为最后电影取得成功。一部电影的成功除了它所显在的成果之外，在其背后便是人们通过观看电影所领悟到的精神。而电影背后的精神也正是维尔伊科·布拉吉最看重的，这也是他在电影拍摄中不断为之奋斗的力量源泉。维尔伊科·布拉吉的每一部游击队题材电影所传递的都是一种灵魂深处的财富和精神的力量。

在维尔伊科·布拉吉拍摄的游击队电影引发热烈反响之后，与他同时代的另一批南斯拉夫拍摄游击队电影的导演涌现出来。这些电影以星火燎原之势将游击队电影发扬光大。每当提到游击队电影的发展，无论是专业的影评人还是普通的观影百姓，都无法忘记维尔伊科·布拉吉给游击队电影所做出的突出贡献。因为在每一种新型题材电影拍摄之前，都面对巨大的困难。无论是电影的定位还是观众的接受程度都面临着巨大的挑战。在电影真正上映之前，观众会对此类型的电影有什么样的反应都是一个未知数。幸好，维尔伊科·布拉吉坚持了下来，才有了游击队电影后续的星火燎原之势。在游击队电影的影响下，观众跟随着电影的主人公去感受国家所面临的危难以及国人如何凭借坚强的意志实现战争的胜利。游击队电影以一种更直观的形式，让观众身临其境，感受那份艰险、紧张以及热血沸腾。

之后，维尔伊科·布拉吉继续活跃在电影拍摄中，指导拍摄了多部作品，包括 1979 年导演的《被杀死的男人》，这部作品再次获得奥斯卡最佳外语片的提名。1981 年，布拉吉执导了电影《高压》。1983 年他执导了电影《伟大的运输》，这部电影也获得了当年奥斯卡最佳外语片的提名。1986 年，布拉吉执导了电影《应许之地》。1989 年，布拉吉执导电影《捐助人》。接下来的几年，布拉吉没有新的作品问世，但他依旧活跃在世界电影的舞台上，为很多的电影节担任评委。

2006 年，维尔伊科·布拉吉再次执导，这次的作品是《利贝塔斯》，这部作品的问世困难重重，其实早在 1992 年就立项准备拍摄，但一直因为种种原因，资金不能到位。布拉吉凭着自己的关系，找到了很多之前有过合作的编剧和演员，但仍然没有更多的资金用于拍摄，这一晃就是十多年过去了。2003 年，布拉吉因为身体原因，再一次耽搁了这部作品的拍摄。而财政的状况也无法大力支持布拉吉，后来还是由于政府做了担保，拿到了一部分资金，才最终恢复了拍摄。电影在 2006 年普拉电影节首映之前，人们的期望非常高。《利贝塔斯》受到观众的欢迎，平均得分为 4.41（满分 5 分），在 8 部参加普拉电影节评奖的电影中排名第三。但评论家的评分却是倒数第二，评分仅仅为 2.55。不过，这部电影在这次的电影节上还是获得了最佳服装设计奖和最佳化妆奖。后来该片再次获得了奥斯卡最佳外语片的提名。布拉吉的作品多次获得奥斯卡组委会委员的肯定，但都是没能最终获奖，这不得不说是一个巨大的遗憾。

2017 年，已经年近 90 的维尔伊科·布拉吉，执导了他的长篇电影《逃至海边》。这部作品讲述了第二次世界大战中，一个德国士兵在一次意外后流落到陌生地方，一直寻求救助的故事。

维尔伊科·布拉吉作为黑山共和国优秀的导演，带给我们的不仅仅是震撼的艺术体验，他那种为了艺术不断追求完美的精神更让我们感动。他在影片中为我们所呈现的黑山以及南斯拉夫人民为了民族独立与人民自由解放不屈抗争的精神让我们备受鼓舞。艺术之美，除了艺术本身的美，更有艺术传达的精神之美。在青年时期的他，历经苦难的洗礼，而这些并没有将他打倒，反而成为他不断前行的动力。在游击队所经历的岁月、在集中营被折磨的日子，铸就了他坚韧的意志。也是在这些日子的磨难中，他开始去思考人生的意义，并努力践行于自己的人生事业之中。在游击队电影的拍摄之中将自己想要传达的革命精神融汇其中，将自己的个人记忆升华为民族记忆，将记忆中的磨难与精神传达出时代崭新的意味。可以说,他是一位伟大导演，在他做导演的过程中实现了自己所向往的人生价值。

绿茵场上永恒的黑山之剑

——德扬·萨维切维奇

德扬·萨维切维奇（1966—），黑山著名的足球运动员，出生于前南斯拉夫铁托格勒市（今称波德戈里察）。这座位于巴尔干半岛斯库台盆地，经历过700余年沧桑的城市曾在"二战"期间毁于战火。在莫拉查河和斯库台湖的共同孕育之下，这座城市在废墟之上焕发出新的生机。正是在这块充满传奇的土地上，诞生了这样一位传奇的足坛巨星。他从小就表现出过人的足球天赋，南斯拉夫国内媒体曾评价他为"未来的希望之星"。他后来成为前南斯拉夫最杰出的足球运动员之一，也是黑山足球开天辟地的见证者和推动者，被誉为"黑山之剑""来自巴尔干半岛的马拉多纳"。

01 / 足球天才

德扬·萨维切维奇1966年9月15日出生于前南斯拉夫铁托格勒市，它是黑山共和国首都。德扬·萨维切维奇是在博博托夫库克山和地中海的陪伴下成长的。也许是因为世世代代斯拉夫人血液中流淌着的洪荒之力和蛮族天性（罗马帝国时代，斯拉夫人与日耳曼人、凯尔特人一起被罗马人并称为"欧洲的三大蛮族"），注定了德扬从出生开始就踏上了一条"不安分"的道路。

南斯拉夫足球从不缺少天才，德扬·萨维切维奇就是一个这样的天才。他从小就表现出过人的足球天赋，南斯拉夫国内媒体曾评价他为"未来的希望之星"。作为20世纪90年代前南斯拉夫黄金一代球员的代表人物，"足球天才"的美誉他当之无愧。与贝克汉姆、梅西、C罗等著名球星一样，德扬也可谓是少年得志。同时，他还是一位不亚于"金左脚"普斯卡斯的左撇子选手。当然，德扬的右脚功夫也是不错的，这让他在射门时能够左右开弓。同时，德扬还具有出色的盘带功夫，总是能让小伙伴们看得目瞪口呆。正是他过人的天赋，加上从小练就的扎实基本功，为他今后的辉煌奠定了坚实的基础。

1982年，年仅15岁的德扬·萨维切维奇就以预备队员的身份，代表OFK贝尔格莱德足球俱乐部征战塞尔维亚甲级联赛。1982—1983赛季，德扬正式加盟波德戈里察未来俱乐部，征战南斯拉夫国内联赛，同年加入南斯拉夫国家队。而此时的德扬还未满 17 岁，这在历史上是十分罕见的。在随后的 1982—1988 年 6 年时间里，他一路披荆斩棘，代表波德戈里察未来队出场 130 次，总共打入 36 粒进球，从而在南斯拉夫足球界初露锋芒。1987 年，他随南斯拉夫国家青年队在决赛中击败联邦德国队，夺得第六届世界青年足球锦标赛冠军。

1989 年，小有名气的德扬·萨维切维奇转会当时的南斯拉夫联赛劲旅，贝尔格莱德红星队（现属塞尔维亚）。在该队的第二年，也就是 1990—1991 赛季，此时的红星队可谓"群星璀璨"，球员阵容绝对堪称俱乐部历史上最豪华的一届。有当时号称南斯拉夫"三个火枪手"的前锋德扬·萨维切维奇（现黑山国籍）、达尔科·潘采夫（现马其顿国籍）和中场罗伯特·普罗辛内斯基（现克罗地亚国籍）坐镇中前场，更有米哈伊洛维奇、博班等防守悍将。这样的明星阵容最终也没有辜负足坛和球迷的期望，不仅在南斯拉夫甲级联赛中"独孤求败"，连续三年（1990—1992 年）夺取南斯拉夫联赛冠军，建立了"红星王朝"，还在 1991 年的欧洲冠军杯（今欧冠联赛）决赛中，凭借点球大战 5：3 击败了法国劲旅马赛队。德扬职业生涯第一次捧起代表欧洲足坛至尊荣誉的欧洲冠军杯。同年，他还获得了丰田杯（欧洲／南美洲杯）冠军。期间，德扬代表红星队出场 72 次，共打入 23 粒进球。此时的德扬·萨维切维奇，俨然已经成为了"冠军"的代名词。

随着在一些比赛中逐步崭露头角，德扬·萨维切维奇和"三个火枪手"的名号很快传遍了欧洲足坛，这也被看作是前南斯拉夫足球永恒的杰作。除了"火枪手"，德扬还获得过许多响亮的称号，如"黑山之剑""守护神""屠夫"等。

其中，"黑山之剑"是德扬·萨维切维奇最为大家熟知的称号。因为德扬的足球风格可以说是所有南斯拉夫球员中最犀利的一位。和许多大牌球星一样，德扬也拥有令人瞠目结舌的梦幻脚步，甚至有人称德扬为"强化版"的瑞恩·吉格斯（英国威尔士球员，效力于英超曼联，以"梦幻脚步"著称）。因为德扬和吉格斯二人均是天生快腿，反应速度十分惊人，在带球思路和习惯上也十分相似，尤其是在跑动的过程中，身体重心可以在意识控制下"瞬息万变"。更可怕的是，脚步移动的频率无任何章法可循。赛场之上，人们常常看到皮球就像是变魔术般地粘在德扬的脚上，有时看似马上就要被抢走，却在最后一刻令防守队员功亏一篑。

从位置上看，德扬·萨维切维奇是一名自由度极大的前腰，在球场上的活动范围较广。这让德扬天生的速度优势得以充分发挥。可以说，在哪里拿到球，哪里就是他的起跑线。他在电光火石间完成过人，让对方防守队员在他起步的一刹那就知道，这场速度较量根本就是不公平的。

除了脚法和速度，德扬·萨维切维奇的直传和远射功夫也都能达到"百步穿杨"的水准。他甚至能在对方后卫正在收拢的双腿间送出出人意料的传球。所以，就像他的绰号一样，赛场之上的德扬就像一把永恒的利剑。无论是他那瞬息灵动的脚步，还是雷霆一击的怒射，随时都有可能刺穿对手的心脏。同时，"黑山之剑"的绰号还向世人诠释着，德扬·萨维切维奇这个名字永远都属于黑山，属于黑山足球。

02 / 辉煌时代

　　凭借自身的出色表现，德扬·萨维切维奇在南斯拉夫足球界可谓风生水起、如日中天。然而，由于政治原因，德扬的祖国变得越来越不安定。正处在职业生涯巅峰时期的德扬，不得不选择去异国他乡寻找自己的辉煌。

　　在 1990 年欧洲冠军杯比赛中，贝尔格莱德红星这匹黑马就差点掀翻了意甲豪门、当年的欧冠冠军 AC 米兰。在 AC 米兰主客场双回合的较量中，两队首回合以 1 ∶ 1 战平；次回合下半场，德扬·萨维切维奇的进球让红星队占得先机。可随后的比赛因天气原因被迫取消。第二天重赛，两队再度以 1 ∶ 1 战平。AC 米兰最终靠点球大战惊险取胜。这次较量中，年轻的德扬的精彩演出，给意大利人留下了极其深刻的印象。时任米兰主教练的意大利前国脚萨基在赛场旁边看得目瞪口呆，每当德扬拿到球的时候，他就无法安坐在教练席上，而是在心里开始祈祷上帝保佑米兰。正是这一次的交锋，为德扬未来辉煌的 AC 米兰生涯奠定了基础。

正是凭借同 AC 米兰比赛中的出色表现，德扬·萨维切维奇被时任 AC 米兰掌门人的贝卢斯科尼直接看中。经过一番马拉松式的谈判，1992—1993 赛季，时年 26 岁的德扬正式披上米兰的红黑色战袍，拉开了自己职业生涯辉煌时代的大幕。大家期待着，这把来自巴尔干半岛的利剑，在亚平宁半岛的顶尖赛事上青锋出鞘！

但说句实话，想在当时的 AC 米兰露出锋芒并不是一件容易的事情。作为一支意甲传统强队，AC 米兰一向高手云集。这一年也不例外。同年来到米兰的帕潘和伦蒂尼光是转会费就分别高达创纪录的 1000 万英镑和 1300 万英镑。在两位巨星光芒的掩盖下，南斯拉夫人的到来就显得不那么耀眼了。他甚至在自己的意甲首赛季中只获得了 10 次上场的机会。但这一切掩盖不住南斯拉夫人骨子里的狂野。自信的身躯不会停下脚步，坚定的双眼永远望向前方。凭借自己出色的天赋和不懈的努力，德扬·萨维切维奇很快在球队中占据了主力的位置，成为 AC 米兰队前场不可或缺的中坚力量。

德扬·萨维切维奇的米兰首秀很快到来了。1992 年 8 月 27 日，德扬第一次正式代表米兰出战意甲联赛，米兰队最终以 2 : 1 客场击败帕多瓦队。贝卢斯科尼不禁惊叹道："我买到的是巴尔干半岛的马拉多纳！"可巧的是，马拉多纳也是一位左撇子球员。"巴尔干半岛的马拉多纳"这个头衔也从此刻开始与德扬联系在了一起。

由于当时的南斯拉夫国家队被禁止参加国际比赛，德扬·萨维切维奇短时间内无法获得为国效力的机会。但"塞翁失马，焉知非福"，这也使得他能够全身心地投入到俱乐部的训练和比赛中去。德扬的能力和知名度得以迅速提升。而德扬的加入也让 AC 米兰这支传统强队如虎添翼。1993—1996 年，4 年的时间里 AC 米兰队在意甲联赛势如破竹，共夺得 3 次冠军、一次亚军（1995 年决赛憾负"老妇人"尤文图斯队）。同时，米兰队还于 1992—1994 年连续 3 次夺得意大利超级杯冠军。

历史性的时刻定格在 1994 年，那是在奥林匹克的发源地——希腊雅典。26 岁的德扬·萨维切维奇迎来了职业生涯的又一个巅峰。那是当年的欧洲冠军杯决赛，在雅典奥利匹克体育场，意甲冠军 AC 米兰队与西甲冠军巴塞罗那队上演巅峰对决。其实在这场比赛以前，更多人看好的是巴塞罗那队。由于巴雷西、范巴斯滕等多位主力因伤缺阵，当时的 AC 米兰可谓"伤兵满营"。就是在这样的不利条件下，德扬的表现堪称完美。第 22 分钟，他右路传中，助攻队友马萨罗率先撕开了对手防线；第 47 分钟，他在禁区外距球门约 20 米的距离，上演了一记超高角度的吊射，洞穿了西班牙门神苏比萨雷塔把守的大门，赛后有人评价这个进球为"以一个几乎没有可能进球的角度完成的进球"；随后的第 55 分钟，又是德扬的一脚射门，间接助攻队友德塞利完成进球。AC 米兰队最终以 4：0 的大比分狂胜巨星云集的巴萨。这同时也是德扬职业生涯第二次登上欧洲足球之巅。1999 年米兰队百年庆典时，将这场大捷评选为"AC 米兰队百年十大经典战役"之一！ 2016 年，这场比赛再次被评为欧冠史上十大经典决赛之一。

时间来到了 1995 年，当时的意甲赛场上正值米兰王朝。1 月 15 日，意甲联赛第 16 轮，28 岁的德扬·萨维切维奇再度成为球迷们关注的焦点。德扬随 AC 米兰队做客自己的福地——圣尼古拉球场，客场挑战巴里队。为什么说这座球场是德扬的福地呢？因为在 4 年前的欧洲冠军杯决赛中，德扬所在的红星队就是在这座球场 5 : 3（点球）战胜马赛队而问鼎欧洲杯的。

在这场比赛中，德扬·萨维切奇于第 40 分钟开始爆发，打入第一球；随后在第 52 分钟和第 56 分钟连入两球，仅用了 16 分钟完成"帽子戏法"（这个效率在意甲史上排名第七）。第 84 分钟，德扬再入一球，在成功上演"大四喜"的同时也击碎了对手扳平比分的梦想。AC 米兰队最终以 5 : 3 击败巴里队。

1992—1998 年德扬·萨维切奇效力于 AC 米兰期间，共代表球队出场 144 次，打进 34 球（其中 97 场 20 球是在联赛中），并最终入选球队名人堂。德扬对于这支带给自己辉煌和荣誉的球队，有说不尽的感激和崇敬之情。红黑军团在德扬的心中意味着什么？当 1998 年德扬离开米兰的

表1　德扬·萨维切奇职业生涯俱乐部夺冠记录

赛事名称	所在俱乐部	成绩	次数	时间（年）
南斯拉夫联赛	贝尔格莱德红星	冠军	3	1990、1991、1992
南斯拉夫联赛	贝尔格莱德红星	冠军	3	1990、1991、1999

赛事名称	所在俱乐部	成绩	次数	时间（年）
意甲联赛	AC米兰	冠军	3	1993、1994、1996
意大利超级杯	AC米兰	冠军	3	1992、1993、1994
欧洲冠军杯	贝尔格莱德红星 AC米兰	冠军	1（红星） 1（米兰）	1991（红星）、 1994（米兰）
欧洲超级杯	AC米兰	冠军	1	1994
丰田杯（欧洲/ 南美洲杯）	贝尔格莱德红星	冠军	1	1991

时候，面对记者的镜头，他本人给出了这样的回答："在米兰我实现了所有的梦想。我赢得了许多，我的收入很不错，保证我有个保险的将来。我在足球历史上有名的球队踢过球，AC米兰队是一个象征，是现代足球的代表。在红黑军团里一切都是伟大的：球队、球员、观众、主席。我选不出比它更好的俱乐部。"

可能我们无法确定地说，究竟是德扬·萨维切维奇成就了米兰，还是米兰成就了德扬。但至少有一点是绝对可以肯定的，那就是德扬职业生涯最黄金的时代，是他与AC米兰共同缔造的。AC 米兰生涯将这把"黑山利剑"磨砺出更加耀眼的光芒，而这把"黑山利剑"也在 AC 米兰的历史簿上镌刻下永不磨灭的印记。

足球场上从来不会缺少英雄的出现，更何况 AC 米兰这个英雄辈出的球队。德扬·萨维切维奇和帕潘、伦蒂尼、巴雷西、范巴斯滕等大牌球星在同一时期效力 AC 米兰，毫无疑问，是他们共同缔造了米兰王朝。在每一位 AC 米兰球员和球迷的心中，他们都是英雄。以至于后来的很多年轻球员，都是追寻着偶像的身影加入 AC 米兰的。比如日后于 2001 年转会 AC 米兰的"九爷"菲利浦·因扎吉，就是德扬的忠实粉丝。

但要说到和德扬·萨维切维奇最为惺惺相惜的英雄，是比德扬晚 3 年加盟 A 米的，后来的世界足球先生——罗伯特·巴乔。在 1992—1995 年 3 年间，巴乔效力于意甲尤文图斯，和德扬所在的 AC 米兰有过多次交手，两人在各自球队都有着不俗表现。场上的对手，场下的朋友。两位英雄彼此尊敬着对方。球迷和媒体也在所难免地将这两个年龄、能力、场上位置、风格和技术都十分相近的球员作比较。

肯定有不止一个人曾经设想，如果两人强强联手会怎样。

设想很快成为了现实。1995年7月16日，罗伯特·巴乔正式从尤文图斯转会至AC米兰，有了和德扬·萨维切维奇并肩作战的机会。这两位传奇射手谁穿上红黑军团的10号球衣成了困扰米兰主教练卡佩罗的难题，也在当时受到了球迷和媒体的广泛关注。但最终巴乔还是将10号球衣让给了德扬，自己穿上了18号球衣。当这位"忧郁王子"后来在记者面前回忆这段往事时，他带着对偶像般的敬意说："萨维切维奇拥有10号球衣是十分正确的。他是AC米兰的元老，为这支球队效力多年，10号球衣的荣耀是他靠实力挣来的。如果我与他因这个号码而引起球队混乱，那简直太不应该了。"

德扬·萨维切维奇后来在比赛中也没有辜负队友的希望。由于两人的位置和球队的战术安排，德扬和巴乔同时首发的机会并不多，通常都是南斯拉夫人作为主力，而巴乔作为替补。而德扬的表现也最终证明，卡佩罗的排兵布阵是正确的。他犀利的脚法、凶狠的突破令素有"风火轮"之称的巴乔都自愧不如。

1995 年，来自非洲利比里亚的世界足球先生乔治·维阿转会至 AC 米兰，与德扬·萨维切维奇和巴乔一起组成了强大的锋线。这就是当时令卡佩罗为之自豪、令所有对手为之汗颜的"米兰三叉戟"（三叉戟是古希腊神话中海王波塞冬的武器）。拥有了"三叉戟"的 AC 米兰，果然显示出大海惊涛般的力量，在国内联赛中无坚不摧，并于 1996 年重新夺回意甲冠军。"米兰三叉戟"也成了那个时代意大利足球界的永恒印记。

03 / 黄金一代

凭借国内外赛场上的出色表现，年轻的德扬·萨维切维奇如愿获得了为国效力的机会。1986 年 10 月 29 日，第八届欧锦赛预选赛，德扬迎来了自己的国家队首秀。南斯拉夫最终以 4：0 大胜土耳其。从那一刻开始，德扬在国家队可谓风生水起。也正是由于德扬等"黄金一代"的加入，南斯拉夫足球正式迎来了巅峰时期。

即使在今天，当我们提起 20 世纪 90 年代初的"南斯拉夫黄金一代"时，也不得不为之震撼。"三个火枪手"普罗辛内斯基、潘采夫、德扬·萨维切维奇组成的梦幻前场组合；门神伊夫科维奇；传奇中场斯托伊科维奇；铁卫斯帕西奇、武里奇等等，如此如雷贯耳的主力阵容，怪不得连球王贝利（巴西传奇球星，曾三夺世界杯冠军）也要给予他们由衷的赞叹，并预言他们定将称霸世界。就像马拉多纳所在的阿根廷队有"潘帕斯雄鹰"的美誉一样，德扬所在的南斯拉夫队也获得了"巴尔干雄鹰"的美誉，更是有球迷直接赋予他们"欧洲巴西"的称号。

这真的是一支天才云集的球队。有兴趣的读者和球迷朋友不妨去回味一下这支南斯拉夫队的比赛录像。通过录像我们可以看出，"黄金一代"绝不是浪得虚名的。场上的每一位球员都有着精湛的技艺。而我们的主人公德扬·萨维切维奇，这个集前锋、前卫、中场于一身的"多面手"，对于一支足球队而言，甚至可以说是"奢华的配置"。仅从他一人身上就足以看出那支南斯拉夫队的实力和才华。

其实，德扬·萨维切维奇的国家队之路并不是一帆风顺的。虽然依靠天分和才华，他早早进入国家队，但由于国家队的战术体系，加上"黄金一代"人才济济，德扬的能力在他刚进入国家队的那段时间里，并没有得到充分的发挥。进入国家队的前6年时间内，他仅出战6次，场上的表现也和他在俱乐部的表现大相径庭，甚至一度遭到教练和队友们的质疑，他们怀疑这把"黑山之剑"是一把"生了锈的钝剑"。

但"是金子总会发光"的，随着战术体系的调整升级和队员们的训练磨合，南斯拉夫国家队的整体水平有了显著提高。德扬·萨维切维奇也逐渐找到了发挥自己能力的空间，进一步站稳了自己在国家队的位置。经过一段时间的"韬光养晦"，德扬和他的南斯拉夫队期待着在国际赛场上"有所作为"。

04 ／ 壮志难酬

1988 年，第八届欧洲足球锦标赛（即人们常说的"欧洲杯"，本文简称"欧锦赛"）在联邦德国（西德）举行。这是德扬·萨维切维奇参加的第一届欧锦赛。预选赛阶段，南斯拉夫与英格兰、北爱尔兰和土耳其同分在第四小组。德扬所在的南斯拉夫队最终 6 战 4 胜 2 负，排名小组第二。由于当时的赛制，该小组最终只有小组第一英格兰获得出线资格。年轻的德扬和他的南斯拉夫队，还需要更多的历练。

1992 年，第九届欧锦赛来到瑞典。预选赛阶段，南斯拉夫同丹麦、北爱尔兰、奥地利、法罗群岛一起被分在第四小组。在主、客场双循环赛制下，德扬·萨维切维奇和他的队友们没有辜负"黄金一代"的名号，小组赛 7 胜 1 负排名小组第一，直接获得晋级欧锦赛决赛阶段的资格。

然而，由于政治和国际关系等方面的原因，当时的国际政治环境风云变幻。"覆巢之下安有完卵"，巴尔干半岛——这个欧洲自古以来就被称为"火药桶"的土地，在这种环境下注定是不安宁的。伴随着柏林墙的轰然倒下，1991—1992 年间的南斯拉夫联邦共和国可谓风雨飘摇。南斯拉夫内战不断，各加盟国先后宣布独立，建立于 1963 年的南联邦从此湮没在了历史的风尘中（南斯拉夫联邦于 1992 年正式分裂为 5 个国家：克罗地亚、斯洛文尼亚、马其顿、波黑、塞尔维亚和黑山，其中德扬·萨维切维奇的祖国黑山属于塞黑）。1992 年 4 月 28 日，塞尔维亚和黑山这两个留在前南联邦的国家宣布，"南联邦"改名为南斯拉夫联盟共和国，简称"南联盟"。

没有繁荣稳定的祖国做后盾，就不可能有体育的兴盛。南斯拉夫足球就像他们国家的版图一样，一次次被弱化。正如德扬·萨维切维奇的国家队队友德拉甘·斯托伊科维奇说的那样："我们的足球，倒退了 20 年。"德扬和他的队友们只能默默地站在国际足坛看台上，眺望着这本应属于他们的舞台！

出于政治方面的考虑，欧足联在欧锦赛开赛前作出决定，无情地将满怀壮志的德扬·萨维切维奇和他的队友们紧急遣送回国。而顶替南斯拉夫队参加欧锦赛的，恰恰是他们小组赛的最强对手丹麦队。也正是由于这次"机缘巧合"，丹麦人上演了欧锦赛历史上最大的奇迹，一路过关斩将杀入决赛，并在决赛中2：0击败德国队，首次夺得欧锦赛冠军，在欧锦赛的舞台上演了一次"丹麦童话"。

球场得意的德扬·萨维切维奇和队友们回国后，迎接他们的将是国家解体带来的球队分裂与重组。德扬加入了南联盟国家队。此时的他不得不含泪与昔日的队友们分道扬镳，他们甚至将在今后的比赛中各为其主，彼此之间展开厮杀。然而，等待德扬的还有比离别更加巨大的打击。那就是欧足联针对南联盟开出的一纸持续到1996年欧锦赛的禁令。

1996年，第十届欧锦赛在现代足球的发源地英格兰举行。这是欧锦赛扩军至16支球队后的第一届。资格赛阶段，参赛国家更是史无前例地达到了48个，其中包括原南联邦成员斯洛文尼亚、克罗地亚和马其顿。由于禁令缠身，德扬·萨维切维奇只能默默地看着昔日的队友们在赛场上驰骋。或许在这之前，德扬自己也没有想到，他的欧锦赛故事竟然会是这样一个没有结局的结局。

相比于欧锦赛，德扬·萨维切维奇在世界杯赛场上的起起落落可谓是如出一辙，璀璨的同时更带着一份悲情色彩。

1986 年，第十三届世界杯在墨西哥举行。当阿根廷的马拉多纳在墨西哥城捧起大力神杯的时候，德扬·萨维切维奇这个日后被称为"巴尔干半岛的马拉多纳"的年轻人还没有进入国家队。而南联盟国家队也未能晋级那一届世界杯决赛阶段的比赛。

1990 年，世界杯来到了德扬·萨维切维奇日后的人生福地——意大利。这是德扬的第一届世界杯，也是年轻的南联盟"黄金一代"的第一次世界杯之旅。虽然他们还略显青涩，但在主帅伊维卡·奥西姆的带领下，"三个火枪手"和队友们向祖国和全世界展示出了南斯拉夫人的野心和实力，小组赛 2 胜 1 负，与同组的联邦德国（本届杯赛最终冠军得主）和哥伦比亚携手晋级 16 强，并在随后的 1/8 决赛中 2 : 1 力克西班牙斗牛士军团，挺进 8 强。此时距离南斯拉夫国家队的世界杯最好成绩仅有一步之遥（南斯拉夫国家队在世界杯的最好成绩分别是在 1930 年乌拉圭世界杯和 1962 年巴西世界杯上夺得第四名）。

　　然而，世界杯的赛场上从来都是残酷的。德扬·萨维切维奇他们在 1/4 决赛的对手恰恰是当年的卫冕冠军，由马拉多纳率领的阿根廷队。全世界的目光都在关注这场"巴尔干的马拉多纳"和真正的马拉多纳的巅峰对决。

　　正如人们赛前预料的那样，比赛全程都处在白热化阶段。常规时间 90 分钟和加时赛 30 分钟，双方互交白卷，谁也无法攻破对方球门，被迫上演了该届世界杯 1/4 决赛中唯一一场点球大战（值得一提的是，南斯拉夫队是在少一人作战的情况下将比赛拖入点球大战的）。足球场上点球大战的过程往往是令人窒息的，这一次更是如此。双方 10 个点球中只有 5 个进入球网，连球王马拉多纳的点球都有失水准，比赛的激烈和焦灼程度不言而喻。或许是上帝的有意安排，马拉多纳和德扬·萨维切维奇同被安排在第三轮出场。这次短暂而又精彩的"新老天王"直接对话，最后以德扬的进球而结束。场上比分也被德扬改写为 2：2，南斯拉夫人重新看到了希望。然而，地中海的灵气和幸运在点球大战的最后一刻偏向了远道而来的阿根廷人。随着南斯拉夫队 5 号哈塞布吉踢出的足球被阿根廷门将拒之门外，南斯拉夫最终以 2 ： 3 遗憾告负。赛后，媒体的镜头和世界的目光更多地投向了欢呼胜利的"潘帕斯雄鹰"，还有因点球击中横梁而跪地掩面痛哭的斯托伊科维奇，并没有镜头捕捉到德扬的身影。但是可以相信，此刻德扬的内心必定是百感交集。在诸多的不甘、伤感与无奈之后，更多的是"下届再来"的坚定信念。

　　这届世界杯之后，德扬·萨维切奇于 1992 年加盟 AC 米兰，在欧洲赛场上大放异彩，也迎来了自己职业生涯的巅峰时代。而他的国家队队友潘采夫、达沃苏克、米哈伊洛维奇等，也在不同的欧洲顶尖豪门俱乐部中大杀四方。如果你是一位曾经关注过 20 世纪 90 年代意甲联赛的老球迷，那么你一定不会忘记闪耀在意甲赛场上的南斯拉夫璀璨群星。那注定是属于一个时代的记忆。

　　此时南斯拉夫国家队的总体实力达到了前无古人的高度。如此豪华的阵容配置在任何一个时代的世界足坛，都足以令所有对手胆寒。不客气地说，当时的南斯拉夫队绝对拥有称雄世界足坛的实力！

　　1994 年，世界杯第一次来到美国。对于这一届世界杯，很多人记住的可能更多的是德扬·萨维切维奇日后在 AC 米兰的队友、后来的世界足球先生——罗伯特·巴乔。当巴乔"忧郁的背影"成为这届世界杯定格画面的时候，很多人都暂时遗忘了德扬这位失意的英雄。

如前所述，由于政治原因，原属南联邦的 5 个国家都被禁止参加 1994 年的世界杯，自然包括德扬·萨维切维奇所在的南联盟。不得不说，这一切都归罪于无情的战争！战争毁掉了足球。因为战争，德扬·萨维切维奇，这位天才球员无奈地站在世界杯的门外，蹉跎着他最好的年华。

1998 年，世界杯回到了"世界杯之父"雷米特的故乡——法国。这是世界杯决赛阶段比赛首次扩军至 32 支球队。这一次，解禁的"南斯拉夫"回来了。原"南联邦"国家的 5 个成员国中，克罗地亚和塞黑（南联盟）两个国家回来了。

年近 32 岁的德扬·萨维切维奇迎来了自己的最后一届世界杯。32 岁对于足球运动员来说已经算得上是老将了。随着潘采夫宣布退役，曾经叱咤风云的南斯拉夫"三个火枪手"只剩两人，而且还身着不同球队的战袍。但是斯托伊科维奇、米哈伊洛维奇等老队友还在与德扬并肩作战。"老骥伏枥，志在千里"，他们虽然已经不再年轻，但没有什么能够阻挡他们追求世界冠军的步伐。

依靠着过硬的实力、坚实的基础和坚定的信念，德扬·萨维切维奇和他的南联盟队在世界杯赛场上的表现依旧出色。小组赛第一场，南联盟队 1：0 力克亚洲冠军伊朗；第二场，南联盟队 2：2 逼平德国战车；随后又以 1：0 的比分轻取美国。顺利以小组第二的身份晋级 16 强。1/8 决赛中，他们遭遇号称世界杯"无冕之王"的橙衣军团荷兰队。两支欧洲劲旅的较量可谓势均力敌，双方鏖战至比赛的伤停补时阶段，比分仍为 1：1 平。就在双方主教练准备开始思考加时赛的战术时,时间定格在了比赛的第 91 分钟（伤停补时第 1 分钟）。荷兰队利用一次战术角球的机会，由 16 号戴维斯完成了绝杀。这脚距离球门 20 米的远射穿过防守人群，飞过南联盟队门将克拉吉的指尖，洞穿了南联盟队的球门，也击碎了德扬最后的冠军梦。终场哨响起，德扬的最后一场世界杯比赛以 1：2 的比分憾负告终。与荷兰队全队冲入场内欢庆胜利形成鲜明对比的，是德扬和队友们难以抑制的泪水和无限伤感的背影。

这一天，1998 年 6 月 29 日，南联盟队走了，而且这一次是"永远地"走了。因为从这一刻起，世界杯的参赛名单上再也没有出现过"南斯拉夫联盟"这个队名。2002年韩日世界杯，南斯拉夫联盟未晋级决赛阶段。南联盟于 2003 年正式更名为塞尔维亚和黑山，简称"塞黑"。"南斯拉夫"这个国名从此退出历史舞台。

在 20 天后的第三、四名决赛中，荷兰队以同样 1 ∶ 2 的成绩遭遇滑铁卢。或许是上帝的有意安排，为德扬·萨维切维奇他们复仇荷兰队的，恰恰是德扬的老队友、"三个火枪手"之一的罗伯特·普罗辛内斯基和他的克罗地亚队。普罗辛内斯基带领的克罗地亚队是本届比赛最大的黑马，这支"首次"参加世界杯的队伍，最终获得世界杯第三名。克罗地亚的达沃·苏克还凭借 6 粒进球拿到了本届杯赛金靴奖，并入选本届杯赛最佳阵容。

赛后，很多人都在想，如果南斯拉夫联邦没有分裂，如果克罗地亚和南联盟是一支球队，如果德扬·萨维切维奇和普罗辛内斯基联袂出战，他们完全有实力将 1998 年的大力神杯从法国带回巴尔干半岛。甚至还有人在想，如果没有那段政治风暴和战火硝烟，如果南联邦没有解体，如果"黄金一代"的南斯拉夫队参加了1994年的世界杯，那么，1994年世界杯的结果将会改写，甚至整个世界足坛的格局都将是另一番面貌。德扬的足球生涯和人生轨迹，也会有很大不同。但是，历史不能假设，比赛没有如果。

之后的决赛上，齐达内梅开二度，助力高卢雄鸡主场3：0战胜"外星人"罗纳尔多率领的桑巴军团，成为世界杯历史上的第七支冠军球队。罗纳尔多也获得了本届比赛的金球奖。一切的一切，都在向世人宣告着，属于德扬·萨维切维奇的时代已经随着他的离去而默默地告别了世界杯的舞台；一大批新生代球星的悉数登场，标志着世界足坛的新篇章就此翻开。

1999年10月9日，德扬·萨维切维奇迎来了他在国家队的谢幕演出。他所在的塞尔维亚和黑山队，与克罗地亚队2:2握手言和。至此，德扬为国家队出场56次，共打进29粒进球。德扬在国家队的8号球衣也跟随着南斯拉夫足球黄金一代的脚步，渐渐淡出了人们的视野，永久地定格在了属于那个时代的记忆中。

表2　德扬·萨维切维奇职业生涯国家队成绩

赛事	届次	举办地	所在球队	成绩	时间（年）
欧洲足球锦标赛	8	联邦德国	南斯拉夫国家队（南联邦）	预选赛小组第二（未晋级）	1988
	9	瑞典	南斯拉夫国家队（南联邦）	预选赛小组第一（小组赛后退赛）	1992
	10	英格兰	南斯拉夫国家队（南联盟）	未参赛	1996
国际足联世界杯	14	意大利	南斯拉夫国家队（南联邦）	八强（第五名）	1990
	15	美国	南斯拉夫国家队（南联盟）	未参赛	1994
	16	法国	南斯拉夫国家队（南联盟）	十六强（第十名）	1998
世界青年足球锦标赛（U-20世界杯）	6	智利	南斯拉夫U-20国家队（南联邦）	冠军	1987

05 / 夕阳无限

"月盈则亏，水满则溢"，足球场上不会有永恒的冠军。AC 米兰队在 1996 年夺得联赛冠军后，时间进入了两个赛季的"冷淡时期"。球队在 97 和 98 两个赛季的联赛成绩只能排名中游。而德扬·萨维切维奇本人也饱受伤病困扰。他们只能默默地看着"老妇人"尤文图斯连续两年捧起象征意甲冠军的贝尔托尼奖杯。1998 年意甲联赛收官后，德扬黯然地离开了 AC 米兰队。

罗伯特·巴乔曾对德扬·萨维切维奇有一句这样的评价："他把心分成两半，一半留在家乡，一半安放在米兰。"果然，1998 年世界杯失利后，德扬没有再随 AC 米兰征战意甲联赛和欧冠联赛，也没有接受意甲其他俱乐部的邀请，而是选择"落叶归根"，回到了祖国，回归了自己的母队贝尔格莱德红星队。虽然一个赛季中仅代表红星队出场 3 次，没有进球入账，但 1999 年的南斯拉夫杯赛冠军也算是母队队友们向这位队史传奇巨星献上的一份安慰与敬意。

1999—2001 年，德扬·萨维切维奇转会至奥地利联赛维也纳快速队，在音乐之都度过了自己球员生涯的最后两年。两个赛季均代表球队出场 22 次，分别打入 11 粒和 7 粒进球。

2000 年，年近 34 岁的德扬·萨维切维奇本打算最后一次身披国家队球衣为国效力，却无奈输给了无情的伤病和不饶人的岁月。2000 年欧锦赛，德扬心爱的南斯拉夫队在"跌跌撞撞"后惊险晋级 8 强，却在 1/4 决赛惨遭东道主荷兰 6-1 屠戮后铩羽而归。当齐达内率领的高卢雄鸡高唱《马赛曲》登上欧洲之巅的时候，德扬带着遗憾，低调地告别了他的足球运动生涯。花开花落，云卷云舒，这位传奇巨星的退役默默无声而又意味深长。德扬走了。他离开的不仅是这届欧锦赛，更是他为之奋斗了 20 年的足球运动生涯。他初出茅庐时那般轰轰烈烈，巅峰时那样璀璨夺目，离开时又那么安安静静。这一段发源于巴尔干半岛的传奇故事，永远地写进世界足球的史册里。

然而对于德扬·萨维切维奇这个天生流淌着足球血液的人来说，只要他的生命没有终止，他就不会和足球分开太久。2000年欧锦赛结束后,由于南斯拉夫战绩并不令人满意,年近古稀的老帅博斯科夫引咎辞职。德扬临危受命,成为南斯拉夫国家队主教练。这对于德扬来说,可谓是"受任于败军之际,奉命于危难之间"。

一个伟大的球员不一定能成为伟大的教练。如果作为教练,34岁的德扬·萨维切维奇还显得过于稚嫩。2002年韩日世界杯欧洲区预选赛,南斯拉夫队5胜4平1负,排在俄罗斯和斯洛文尼亚之后,位列小组第三,与世界杯擦肩而过。心怀愧疚的德扬选择了主动交出帅印,而南斯拉夫足协给予了他极大的信任,请求其继续留任主教练职务。充分的信任往往能换来出其不意的效果,德扬没有辜负自己的祖国。2003年,他率领已正式更名为塞尔维亚和黑山的国家队在葡萄牙欧锦赛预选赛中打了3场相当精彩的比赛,其中主场1:0胜威尔士、客场1:1逼平意大利。两场比赛至今还令人津津乐道。

可惜好景不长,第四轮他们客场0:3惨败给芬兰后,接着又出人意料地爆冷输给了阿塞拜疆。这场比赛令场边的德扬·萨维切维奇非常失望,他甚至在比赛终场哨声还未吹响之际就已提前退场，赛后他悲伤地说："一切都结束了。这不是我心中的国家队！"如果塞黑能够顺利进入欧锦赛决赛圈，那么届时德扬还将留任。随着进军葡萄牙的希望破灭，德扬正式将塞黑国家队的帅印交给了塞尔维亚人佩特科维奇。

两年后的德国世界杯预选赛上，塞黑队力压西班牙，以小组第一的身份强势晋级世界杯决赛圈。这让包括德扬·萨维切维奇在内的每一位塞黑人都看到了希望，似乎那支传奇的南斯拉夫队回来了。但是，十几年前的悲剧再次降临到南斯拉夫人身上。2006年，塞黑政局再次出现不稳。6月3日，黑山共和国正式宣布独立，塞黑联邦分裂。由于此时距离德国世界杯开幕仅剩6天时间，国际足联没有时间为两支新球队进行相关安排，两国最终仍以"塞黑"的身份参加2006年德国世界杯。但由于国家分裂导致塞黑将士们无心恋战，小组赛3战皆负，垫底出局，其中还包括一场被老对手阿根廷队6:0横扫的比赛。

黑山共和国正式完成独立后，黑山足球的面貌和这个国家一样焕然一新。靠着在足球界丰富的经验和极高的声望，德扬·萨维切维奇当选为黑山足协主席，致力于黑山足球的发展。

2005 年 12 月，第十三届欧锦赛预选赛抽签时，黑山还不是欧足联成员国，故未能参加 2008 年欧锦赛。

2006 年 10 月，黑山获得欧足联的临时成员资格，2007 年 1 月成为正式成员。同年 3 月 24 日，黑山国家队迎来了"建队以来"的第一场国际比赛——在首都波德戈里察举行的国际足球友谊赛上，黑山队 2:1 战胜匈牙利队。德扬·萨维切维奇看着心爱的国家队在家乡"旗开得胜"，脸上露出了充满希望的笑容。

2007 年 5 月 29 日，在瑞士苏黎世国际足联大会上，黑山足协被正式接纳为国际足联成员。也是从这一刻起，德扬·萨维切维奇开始以另一种身份和形式，追逐他未完成的梦想。

然而，就像黑山这个年轻的国家一样，黑山的足球尚处在调整、适应和发展阶段。在国际大赛上的表现尚有很多不尽如人意的地方。

2012 年欧锦赛预选赛初期的黑山表现不俗，小组积分排名第二，仅落后小组第一法国队 1 分。但在随后的附加赛上不敌捷克队，遗憾告别；2016 年法国欧锦赛预选赛上，黑山队取得 3 胜 2 平 5 负的战绩位列小组第四，未能晋级决赛圈。2010 年南非世界杯欧洲区预选赛，黑山队 1 胜 6 平 3 负，排名小组第五无缘晋级；2014 年巴西世界杯欧洲区预选赛，黑山队 4 胜 3 平 3 负位列小组第三，再次与世界杯决赛圈失之交臂；2018 年俄罗斯世界杯欧洲区预选赛，黑山队与劲旅波兰队、丹麦队等 5 支球队同组，最终 5 胜 1 平 4 负名列小组第三，第三次与世界杯擦肩而过。虽然独立后的黑山国家队尚未迎来在国际大赛上大放异彩的时代，但是在强手如云的欧洲足坛，他们进步中的成绩和昂扬的斗志是大家有目共睹的。谁又能保证，在未来的岁月里，这只"巴尔干雄鹰"没有机会搏击长空呢？

已经步入知天命年纪的黑山足协主席德扬·萨维切维奇可能再也没有在绿茵场上挥汗驰骋的机会了。他知道，自己已经不再是这个舞台上的主角。但是德扬还可以在场外为他心爱的足球"指点江山"！德扬和黑山足球，有着充满希望的明天。我们有理由相信，德扬·萨维切维奇的名字，将永远和足球联系在一起。足球所承载着的，是德扬一生追求的永恒的梦！

足球场上的天才

——斯特凡·约维蒂奇

斯特凡·约维蒂奇（1989—），黑山共和国著名足球运动员，出生于黑山共和国的首都波德戈里察，自小热爱足球，年幼时曾和前塞尔维亚和 AC 米兰传奇巨星萨维切维奇的儿子同队，随后进入波德戈里察本地球队，司职前锋或边锋。他曾先后效力于摩纳哥足球俱乐部、佛罗伦萨足球俱乐部、曼彻斯特城足球俱乐部、国际米兰足球俱乐部和塞维利亚足球俱乐部。当年，同为黑山人的国际米兰足球俱乐部名宿萨维切维奇在目睹了他的表现后，由衷地表示："在同年龄段球员中，约维蒂奇的实力仅次于帕托，可以排名世界第二！"

01 / 初露锋芒的足球新星

斯特凡·约维蒂奇 1989 年 11 月 2 日出生于黑山首都波德戈里察。当他出生时，波德戈里察还是以国家最高领导人的名字命名的——铁托格勒。那时，这个世界上有一个国家叫南斯拉夫联盟共和国，黑山是其加盟共和国之一。那时也正是南斯拉夫足球的"黄金一代"在世界上崭露头角的时候。

斯特凡·约维蒂奇在很年轻的时候就崭露头角，峥嵘毕现。作为贝尔格莱德游击队足球俱乐部的"青训产品"（指21岁以下在球队效力了3年的球员），16岁就代表贝尔格莱德游击队完成首秀。2005—2006赛季，约维蒂奇被上调至一线队，年仅16岁的他在那个赛季就获得了两次的出场机会。2006—2007赛季，他为球队出场次数达到22场，并攻进一球。接着，2007—2008赛季是他大放异彩的赛季：为贝尔格莱德游击队出场23场，打进11球，其中在2007年8月2日欧足联欧洲联赛对阵波黑的萨连斯基队（波黑劲旅）时上演了"帽子戏法"，一人打进3球。在球队前任队长转会离开后，18岁的他被选为贝尔格莱德游击队新任队长，成为俱乐部有史以来最年轻的队长，最终协助球队夺得联赛冠军。约维蒂奇在作为黑山U-21国家队队长时出场6次，攻进2球；2007年3月在对匈牙利国家队的比赛中首次代表国家队出场，至今出场7次，攻进4球。

不难想象，在这种年龄表现出这样的水平后，各种赞誉会从四面八方向他飞来。萨维切维奇（即德扬·萨维切维奇，黑山球员）认为斯特凡·约维蒂奇在世界范围内，同年出生的球员中排名第二，仅次于帕托（即亚历山大·帕托，巴西球员）。黑山国内则将他称为"萨维切维奇二世"。外国传媒看过他的表现后，则直接称呼他为"东欧的梅西"（梅西，即莱昂内尔·安德列斯·梅西，阿根廷球员）。在这种情况下，转会传言也随之愈演愈烈，包括曼联、切尔西、皇马、阿森纳、阿贾克斯、佛罗伦萨足球俱乐部等球队都在2007年底至2008年初和这位天才传出了绯闻。他的身价也被传媒定了下来：700万欧元。萨维切维奇似乎也在做兼职经纪人，听到这种价格后，这位黑山足协主席直接宣称："700万欧元买约维蒂奇实在太值了，他足以在任何强队打上主力。"转会过程谈判中，约维蒂奇的经纪人多次表示，已经拒绝了佛罗伦萨足球俱乐部的报价。不过在2008年5月，他还是最终转会到了佛罗伦萨足球俱乐部，转会费用为800万欧元。

巴尔干半岛足球与意大利足球的渊源，应该要追溯到

20世纪90年代。1990年意大利世界杯正是南斯拉夫的"黄金一代"闪耀足坛之时,大量南斯拉夫球员在1990年世界杯之后涌入亚平宁半岛,成为意大利足球甲级联赛赛场上的一道奇景。

由于意大利足球甲级联赛是一个非常讲究战术体系培养的联赛,东欧球员的优点就是身体素质良好、自身勤奋、纪律强、战术执行力非常强且大多数球员身价并不是非常高,所以在意大利足球甲级联赛赛场上观众经常能看到东欧球员的身影,其中最著名的是"核弹头"舍甫琴科(即安德烈·舍甫琴科,乌克兰足球运动员)。而现在依然活跃在意大利足球甲级联赛赛场上的东欧球员就有哲科、曼朱基齐、佩里西奇、利亚伊奇、皮亚尼奇、哈姆希克……

当年刚刚年满18岁就成为黑山国家队国脚的斯特凡·约维蒂奇带着黑山足坛开山鼻祖萨维切维奇的期许,带着全黑山球迷的期望踏上了意大利足球甲级联赛的征程。尽管有不少豪门足球俱乐部早就向约维蒂奇发出邀请,但他拒绝了各方足球俱乐部的邀请。例如,有一家俄罗斯足球俱乐部提供了一份更诱人的合同,他本来可以赚得比在佛罗伦萨足球俱乐部更多，但还是执意选择了意大利足球甲级联赛佛罗伦萨足球俱乐部，继续追寻他在意大利足球甲级联赛踢球的梦想，意大利足球甲级联赛是他最喜爱的联赛。

斯特凡·约维蒂奇加入"紫百合"佛罗伦萨足球俱乐部时，正处于意大利足球甲级联赛"电话门"事件发酵的时候。那时的意大利足坛已经显出无法挽回的颓势。世界杯上的登顶，只是对那些意大利足坛老兵们最后的褒奖。之后的意大利足球甲级联赛就像我们看到的那样，从当年的小世界杯一步步滑向谷底，欧战名额减少，大牌明星纷纷外流，再也没有一支意大利足球甲级联赛球队能够称霸欧洲。从"电话门"事件之后，意大利足球甲级联赛的主题一直是复兴，而复兴的关键就是足坛新星，而此时约维蒂奇的到来，就像冥冥之中注定有人要将佛罗伦萨足球俱乐部艺术足球传承下去一样。约维蒂奇那俊朗的面容、灿烂的笑容、出众的盘带、犀利的突破，宛若一个足球场上的新星艺术家，用脚完成了他那令人惊艳的作品。

这名年轻的黑山天才没用什么时间就引爆了意大利足球甲级联赛赛场。在几个关键进球之后，他牢牢地占据了一线队主力位置，并且迅速赢得了球迷的爱戴。在欧洲冠军杯对阵利物浦的比赛中，斯特凡·约维蒂奇梅开二度，率队赢得了一场令人难忘的胜利，向世人宣布了又一足球天才的正式诞生。随后在对拜仁慕尼黑的比赛中他又有斩获，一共在6场冠军杯赛事中打进5球。这一赛季，他一共有12球入账，并且完成了8次助攻。

斯特凡·约维蒂奇在佛罗伦萨足球俱乐部飞速地成长，他在绿茵场上出其不意地给对手以致命的打击。而且，约维蒂奇并不是只追求精彩的进球，他不倾向于利用夸张卖弄的动作来蒙骗对手。从登陆意大利足球甲级联赛的那一刻起，约维蒂奇就是那么实在、谨慎及聪明，约维蒂奇给沉闷的意大利足球甲级联赛比赛注入了新的活力，让我们眼前一亮。

这和斯特凡·约维蒂奇的外貌对比起来格外的不协调，约维蒂奇刚加入佛罗伦萨足球俱乐部时身材单薄，弱不禁风，配上一头乱发及孩子气的笑容，往往会令人感到纵使他再有天赋，他的不成熟也会令他陷入各种麻烦。其实约维蒂奇并不是这样的，他一持球就十分冷静而高效。他会接应传球、传球、跑空档，然后再重复这个步骤。在起初，他怯于射门赌运气，佛罗伦萨足球俱乐部所花的转会费似乎是物非所值，约维蒂奇为佛罗伦萨足球俱乐部出场了25次才打进了第一个运动战进球，但只要你看更多他的比赛，便会发现他的表现越来越出色。

佛罗伦萨俱乐部主席德拉——瓦莱在斯特凡·约维蒂奇与佛罗伦萨足球俱乐部成功续约至2016年后曾经说："他有着强烈的愿望要在这里一直踢下去。这次续约之后，我们将开创一个新的时代，而约维蒂奇将会是标志性人物。"

开创一个新的时代，这正是球迷们和斯特凡·约维蒂奇共同期待的。上赛季，他已被视作全欧洲炙手可热的新星之一，在米哈伊洛维奇的计划中，他本就将被委以全队核心的重任。在人们看来，约维蒂奇就是意大利足球甲级联赛未来10年复兴的基石。年轻无极限，未来没有什么不可能。

然而，年轻也同样意味着要走很多弯路，条条大路通罗马，但不是每条路都是为我们准备的。当外界一致看好斯特凡·约维蒂奇成为佛罗伦萨足球俱乐部组织进攻核心时，但他却固执地认为自己只是一个纯粹的射手，甚至不惜在禁区附近单干，这让他的每一次加速冲刺和急停变向都加重了对膝盖的负担。

时任佛罗伦萨足球俱乐部主帅的普兰德利将斯特凡·约维蒂奇定义为攻击型中场。在崇尚 4-3-3 打法的他看来，尽管黑山天才技术一流、跑动积极、远射犀利，但是受限于身体素质和战术认知，约维蒂奇显然无法承担突前中锋的角色。换言之，约维蒂奇不是球队的爆破点，反而更适合做战术体系中的组织者。在意媒 *Mediaset* 的票选中，球迷也一致认为约维蒂奇是最适合二前锋的盘带精灵。无独有偶，在此后几任主帅的眼里，约维蒂奇同样更适合躲在前锋身后，做一名典型的 10 号位球员或是在边路埋伏的边前腰。只是，当事人却始终觉得，自己从骨子里是一名纯粹的前锋。心高气傲的他总会时不时地脱离主帅的战术意图，陷入单骑闯关的模式。

02 / 无法摆脱的伤病

　　作为整个欧洲最新鲜闪亮的年轻天才，不断澄清关于要转会到豪门的不实传言，以及面对和梅西或是巴乔的对比已经成了斯特凡·约维蒂奇的例行公事。然而就在传出他因希望稳定得到一线队出场机会拒绝巴萨合同的传言时，不幸毫无征兆地降临。2010 年 8 月，约维蒂奇在一次训练中韧带撕裂，不得不进行两次手术和数月的休养，这让他在涨球最好的年纪躺在了病床上。

　　这次十字韧带重创耽误了斯特凡·约维蒂奇的转会，可能不止是一两个赛季，而是 3 个赛季。他花了整个赛季来康复，在接下来的 2011—2012 赛季也是伤情反复。而这场伤病几乎改变了约维蒂奇职业生涯的轨迹。尽管在"紫百合"军团最后两个赛季，约维蒂奇用不断的进球告诉人们，他没有被伤病打垮，但约维蒂奇那些盘带小技术和突破小技术，那些像球场艺术家一样颇具灵性的约维蒂奇式足球似乎都不见了。他变成了更多用外围远射、禁区内抢点来收获进球的约维蒂奇，"球场艺术家"的魔力在他身上一点点消失。那次伤病对约维蒂奇的影响不仅仅是身体上的痛苦，更是心理上的阴影。

坦率而言，斯特凡·约维蒂奇确实是一名能力不错的球员，但是就算在其高光时期，约维蒂奇也不是那种一个赛季可以打进 20 球的锋线杀手，他的作用更在于对整个进攻套路的丰富和提升。可惜的是，约维蒂奇并没有理解主帅的建议，以致只能在替补席上蹉跎了天赋。更令人心痛的是，即使他在平日训练中百般努力，却依旧无法赢得佛罗伦萨足球俱乐部主帅的信任。

然而，在蒙特拉执教佛罗伦萨足球俱乐部后，斯特凡·约维蒂奇有了起色，2012—2013 赛季，他在"小飞机"的战术体系中成为了一名多面手：二前锋、前腰、中锋，每个位置上约维蒂奇都得心应手，约维蒂奇也被看做是球队的"补锅匠"，哪里缺人补哪里。正因这个赛季出色的表现，让约维蒂奇受到极大青睐。尤文图斯足球俱乐部向约维蒂奇抛出了橄榄枝。

"你好，佛罗伦萨！这些年为了球队我放弃了一切，但现在尤文图斯在等待着我了，跟随孔蒂，我的能力会有更好的提高。"当年身陷转会传闻时，斯特凡·约维蒂奇曾对《米兰体育报》如此吐露。在见证了约维蒂奇在"紫百合"佛罗伦萨足球俱乐部的成长之后，与佛罗伦萨足球俱乐部同属意大利足球甲级联赛的尤文图斯足球俱乐部曾一度视约维蒂奇为球队 10 号球衣的最佳接班人。与此同时，约维蒂奇也异常向往都灵的生活。也正是这篇报道，使得"紫百合"佛罗伦萨足球俱乐部的球迷愤怒至极。

更令人担忧的是，"紫百合"佛罗伦萨足球俱乐部球迷对于尤文图斯足球俱乐部的挖角行为以及斯特凡·约维蒂奇的表态深感愤怒，他们不惜联名上书足球俱乐部，明确表示"绝不能出现第二个巴乔！"

这边，尤文图斯足球俱乐部迟迟不肯加价，那边，曼彻斯特城足球俱乐部却横插了一脚。在佛罗伦萨足球俱乐部满城的声讨中，斯特凡·约维蒂奇最终以 2800 万欧元的转会费离开了亚平宁半岛。如今看来，假如当初尤文图斯足球俱乐部拿出更多资金，假如那时约维蒂奇选择保持沉默，或许，约维蒂奇此后的人生剧本会就此改变。

斯特凡·约维蒂奇曾让整个英格兰足球超级联赛为之动容，试想一下，彼时的尤文图斯足球俱乐部如果拥有了约维蒂奇，加上略伦特和特维斯所构成的进攻组合足以令整个欧洲足坛为之紧张。只可惜，时过境迁，错过了一次，可能就是错过了一生。

2013 年，斯特凡·约维蒂奇来到了英格兰。曼彻斯特城足球俱乐部花了整个夏天来追逐约维蒂奇，以 2200 万英镑的重金签下约维蒂奇。

此时的他发型也没有那么引人注目了，变得更加注重形象，更像一位现代球员。"我很高兴能加盟曼城，因为曼城是一支非常重要的球队，我希望能赢得些东西，然后我的好朋友纳斯塔西奇也在曼城"，斯特凡·约维蒂奇不是没有遗憾："我没有见到戈麦斯，但他真的很出色。和他搭档本来会很棒，但已经没有这种可能了。加盟佛罗伦萨时我还是个孩子，离开时我成了一名男人和职业球员。佛罗伦萨会永远留在我的心中，尤其是非常热爱我的佛罗伦萨球迷。"

在人们心中，24 岁的斯特凡·约维蒂奇有着无与伦比的个人能力。他能带球，有猎手的本能，时刻注视着传球，有精湛的组织比赛能力、优秀的位置感（解读为战术意识），还能远射。对任何教练来说这都是一笔梦幻般的签约。因为他能踢多个位置，拥有适应比赛需要的能力，约维蒂奇在全欧洲受到了高度评价。黑山人经常被拿来和意大利前锋罗伯托—巴乔和切尔西传奇佐拉等人比较，而他的前国家队主帅德扬—萨维切维奇则声称约维蒂奇让他想起传奇球星约翰·克鲁伊夫（荷兰著名足球运动员）。

他将成为曼城的一大进攻利器——他既可以踢边路和前锋身后的多个位置，也能自己担任前锋。他的身价看起来也许过高了，但考虑到这个来自"紫百合"的小伙子前途无可限量，曼彻斯特城足球俱乐部在他身上的高额投资绝对是一笔经过精确计算的赌博。

然而，虽然斯特凡·约维蒂奇个人能力突出，但在曼彻斯特城足球俱乐部签下约维蒂奇时也曾有人提出过质疑，约维蒂奇右膝十字韧带撕裂，这样的重伤对这位年轻的球员是一次致命的打击。约维蒂奇加盟曼彻斯特城足球俱乐部后，该足球俱乐部主帅佩莱格里尼也意识到，很多事情都只是假象。从那以后，约维蒂奇的出场时间并没有保障。

效力曼彻斯特城足球俱乐部第一个赛季，约维蒂奇便因不断的伤病大量缺席比赛，膝盖老伤始终对他有影响，进入冬季，股二头肌以及小腿肌肉又频繁出问题。就这样，约维蒂奇在不断的伤病中结束了加盟曼彻斯特城足球俱乐部的首赛季。

斯特凡·约维蒂奇在曼彻斯特城足球俱乐部的境遇堪称悲剧，尽管随队夺取冠军，但在联赛中仅仅出场13次。尽管伤病使约维蒂奇深受打击，但佩莱格里尼从未对他失去信心。"上赛季他遭遇了很多伤病，但现在他已经完全康复了"，佩莱格里尼曾在季前赛这样说，"如果他能够一直保持健康，那么他将在球队中发挥重要作用。"而在周一约维蒂奇便用表现回报了教练对他的耐心等待。

在接下来的比赛中，教练和他的队友们亲眼目睹了斯特凡·约维蒂奇的活跃表现，而这是他以前难以给予球队的。和之前比赛中所展现的一样，约维蒂奇发挥十分出色，他的意识依旧良好，踢法也越发成熟，虽然他年仅23岁，但许多比他年长得多的前锋也会羡慕他的决策能力。

然而，虽然斯特凡·约维蒂奇是意大利足球甲级联赛不可多得的天才，但约维蒂奇来到英格兰足球超级联赛后，最终还是未能达到曾经的辉煌成就。伤病的频发、联赛的不适应、位置的尴尬，让约维蒂奇在英格兰足球超级联赛中连大名单都挤不进去。效力曼彻斯特城足球俱乐部期间，他在各项赛事不过打入 11 个进球。两年的曼彻斯特城足球俱乐部生涯，约维蒂奇在英格兰足球超级联赛出场次数仅仅达到 30 次。曾经天才的光环在约维蒂奇的身上一点点地消失殆尽，"黑山梅西"也成为了人们茶余饭后的笑谈。

"不幸的是，斯特凡·约维蒂奇不得不离开，他是一名非常出色的球员，是我见过的最好的球员之一。但是，他有太多的伤病，这就是他没能在一线队踢很多比赛的原因"吗，约维蒂奇离开曼彻斯特之际，主帅佩莱格里尼略带遗憾地说出了这样一番话。从这位智利老帅的话语间已然能够感受到"黑山梅西"的实力确实名不虚传，却受困于大大小小的伤病。

不过，诸如"萨维切维奇二世""黑山梅西"等一系列赞誉仅限于健康时的斯特凡·约维蒂奇。从约维蒂奇的伤病史来看，自 2010 年遭遇十字韧带撕裂起，约维蒂奇年年都不得不忍受伤痛的困扰，并且，几乎每个赛季都要缺席两位数的赛事。自此之后，约维蒂奇的伤病一直伴随着他的职业生涯。

更令球迷哭笑不得的是，除了久治不愈的肌肉问题，斯特凡·约维蒂奇更有过食物中毒的不幸经历。连他自己都不敢相信，甚至直言："或许是受到了诅咒。"然而，现实就是如此，极具前景的约维蒂奇从来就没有摆脱过伤病的魔爪，甚至屡屡因此丢掉主力位置。

似乎，一切就如佩莱格里尼所言，斯特凡·约维蒂奇是毁于伤病。不过，约维蒂奇却并不认同，他反击道："我在曼彻斯特城足球俱乐部遇到一些问题，但我不是唯一遇到问题的人。即便我状态很好，主教练也从不让我上场。"或许，在约维蒂奇看来，真正阻碍自己发展的是主帅，而不是伤病。

03 ／ 找回那个曾经充满希望的自己

　　好在斯特凡·约维蒂奇没有就此沉沦，为了他的黑山国家队，为了他最初的足球梦，他再次重回故地——意大利，那个让他走向世界的地方。2015 年夏天，国际米兰足球俱乐部的曼奇尼教练与约维蒂奇通了电话，并说服了约维蒂奇。他给约维蒂奇讲了足球俱乐部的宏伟计划，这促使约维蒂奇心甘情愿来到国际米兰足球俱乐部。2015 年 8 月 1 日，意甲豪门国际米兰在其官网宣布，正式从曼城签下前锋约维蒂奇，这是一份为期 4 年的合同（截止时间为 2019 年 6 月 30 日）。曼城官网也证实了约维蒂奇离队的消息。

　　出现在米兰城的斯特凡·约维蒂奇，或许曼彻斯特城足球俱乐部的不如意还未完全过去，他来到这里话并不多。"我知道国际米兰足球俱乐部的球迷们对我期待很多"，一句简单的话语，走出机场时斯特凡·约维蒂奇简单与球迷相互问候。

　　国际米兰足球俱乐部当然对他的身体状况非常关心，必须确保斯特凡·约维蒂奇加盟后不会再受伤病长期困扰。在经历了长达4个小时的体检后，约维蒂奇脸上终于露出笑容，"我希望可以向所有的国际米兰的球迷送上问候，让我们在圣西罗相见"。在接受意大利媒体采访时，约维蒂奇曾感慨道："在曼彻斯特城足球俱乐部我得不到上场机会，所以我决定离开。最开始萌生这种想法是在得知自己被排除在了曼彻斯特城足球俱乐部出征欧冠的大名单之后。在曼彻斯特城足球俱乐部的经历让我成长了许多，尤其是在精神层面上。现在我已经迫不及待想在球场上证明自己了。"

对于国际米兰足球俱乐部来说，2015年依然是低迷的一年。在曼奇尼带队的半个赛季，成绩起伏较大，时而连胜，时而连败，最后仅以第八名的成绩结束了2014—2015赛季的意甲联赛，再次无缘下赛季的欧洲赛事。意大利杯上，国际米兰足球俱乐部被那不勒斯绝杀所淘汰，欧足联欧洲联赛淘汰赛上也惨遭沃尔夫斯堡双杀。国际米兰足球俱乐部在经历了巅峰的2010年后，陷入了长久的沉沦期。但是，斯特凡·约维蒂奇并不惧怕为国际米兰足球俱乐部效力所带来的压力。因为足球世界里到处都是压力，不管在哪踢球都有感觉到压力，约维蒂奇只是专注在表现出色上。压力也给约维蒂奇带来了额外的动力。虽然约维蒂奇在英国时经历了一些困难，但这也是很重要的经验，他也变得更成熟了。球迷们对约维蒂奇也有很高的期待。但最重要的事情是，约维蒂奇能进球和贡献助攻。

斯特凡·约维蒂奇相信，意大利足球正在经历重生，有优秀的球员加入到意大利足球甲级联赛中是件好事，意大利足球甲级联赛的荣光能再次闪耀。国际米兰足球俱乐部有很多充满天赋的年轻球员，他们需要进一步的发展，但必须要有耐心。

人生的选择总是会随着时间的推移而发生很多变化，在斯特凡·约维蒂奇离开意大利足坛的两年里，物是人非，只剩唏嘘。于是约维蒂奇选择穿上了蓝黑军团的战袍，期待着一切能够回到原点，重新开始。熟悉的意大利足球甲级联赛，熟悉的比赛节奏，熟悉的意大利语呐喊声，人们开始憧憬着约维蒂奇和伊卡尔迪这对国际米兰足球俱乐部未来的锋线组合。

斯特凡·约维蒂奇并没有辜负人们的期望。在新赛季首场比赛中，原本主帅曼奇尼没有安排约维蒂奇首发，比赛进行 15 分钟后伊卡尔迪意外受伤，约维蒂奇才有了替补登场的机会。几乎整场的时间国际米兰足球俱乐部都压制着对手，以 68.4% 的控球率围攻对手，射门多达 21 次，却无法敲开密集防守的亚特兰大球门。眼看比赛将要结束，梅阿查全体球迷都感到憋屈——这样的比赛拿不下来实在窝火。在这个紧要关头，斯特凡·约维蒂奇开始了绝妙表演。第 93 分钟，米兰达前场左路传球，约维蒂奇带球内切在距门 20 米处一脚弧线球直挂远角。这个球直接给国际米兰足球俱乐部带来了 3 分和开门红，也让约维蒂奇的国际米兰足球俱乐部正赛首秀就成为制胜的关键。约维蒂奇让梅阿查球场陷入疯狂，全场球迷集体起立为他送去长时间的掌声。《全市场》给出约维蒂奇全场最高分 7 分的评分，并称颂他："其实原本没想到他会是比赛的主角，但他替补出战后努力希望帮助球队。虽然缺少了一点运气和精确性，但他还是打入了一个价值 3 分的进球，完成了梦幻般的首秀。"

相比毛罗·伊卡尔迪（阿根廷足球运动员），斯特凡·约维蒂奇门前抢点的能力和跑位意识可能不如前者，但他创造得分机会的能力并不在伊卡尔迪之下。本场亚特兰大的防守非常出色，国际米兰足球俱乐部在禁区内并没获得好的射门机会，只是利用远射威胁对方球门。约维蒂奇的活动范围也非常大，全场比赛他贡献了43次传球并有6次射门，4次带球突破两次成功，两次赢得任意球机会。在前球队核心马特奥·科瓦契奇（克罗地亚足球运动员）加盟皇马队以后，斯特凡·约维蒂奇披上了新赛季国际米兰足球俱乐部的10号球衣，这本身就显示出国际米兰足球俱乐部上下对他能力的肯定。"我知道我要身穿10号球衣时，我明白我要肩负更多的责任了"，这是他拿到球衣时发表的感言，至少第一场比赛他做到了。

赛后斯特凡·约维蒂奇却表现得很冷静："我非常开心，这是艰苦的比赛，对手防的很好。但是我们自始至终都在进攻，进球自然会到来。作为一个前锋当然需要进球，特别是那种能够决定比赛结果的进球，今天我做到了，面对一支自始至终都在球场最后30米死守的球队，做到这一点并不容易。我个人的状态，显然还没到100%。但我训练得很好，我努力希望给球队做出自己的贡献，我已经迫不及待了。今天这么早出场有些让我意外，但我希望毛罗（伊卡尔迪）没有事，我们需要所有人一起冲击欧冠区。赢得意大利足球甲级联赛冠军，现在说这个太早了，我们有出色的球队，但要一步一步来。让其他球队去喊争冠口号吧！"

如果生活就这样一帆风顺朝着人们向往的方向发展，那一定不是生活，而是童话故事。我们总会在生活中遇到各种各样的选择，得到种种看似不错的发展机会，但总是因为那么一点小事，我们又回到了生活困顿的原点。斯特凡·约维蒂奇作为球星，也并不例外。

这次让斯特凡·约维蒂奇饱受打击的不仅仅是伤病，而是和队友在场上位置的无法兼容，以及得不到教练们的信任。并且约维蒂奇依然不愿做组织进攻者，只愿意做射手的固执思想，也让他迟迟没有办法融入教练的体系中。几次转会窗都传出转会绯闻的约维蒂奇，出人意料地一直没有离开国际米兰足球俱乐部。或许他还是希望能够多争取机会，再努力拼搏一把，生活的机会不都是拼出来的吗？尴尬的是，国际米兰足球俱乐部先后换了几位主帅，没有哪一位主帅重新再审视一下约维蒂奇是不是真的已经成为一介庸才，也没有人与约维蒂奇有任何良性的交流沟通，就将他"钉"在了板凳上。可是在黑山国家队，明明有不错发挥的约维蒂奇为什么在国际米兰足球俱乐部没有半点机会，也实在是让人匪夷所思。

赛季结束之际，斯特凡·约维蒂奇选择离开了国际米兰足球俱乐部，27岁的他不愿意再蹉跎岁月，职业生涯也没有多少时间能让他再挥霍。于是与意大利足球甲级联赛风格相接近，且更擅长地面配合、边中结合的塞维利亚足球俱乐部成了约维蒂奇加盟的首选。

塞维利亚足球俱乐部是西班牙足球甲级联赛传统劲旅。在西班牙全国性的足球比赛开始之前，塞维利亚曾经赢得17座安达鲁西亚锦标赛，以及2次获得塞维利亚市的冠军。在西甲联赛成立后乃至塞维利亚全盛时期，虽然只曾于1946年赢过一届冠军，但大部分时间都在联赛榜前列，赢过4届西甲联赛亚军。

2017年1月，27岁的"黑山国脚"斯特凡·约维蒂奇被国际米兰足球俱乐部租借到塞维利亚效力。约维蒂奇对《罗马体育报》说道："我在塞维利亚过得非常开心，虽然来到这里只有一个月的时间，但感觉就像我本赛季初就已经在这里了。所有工作人员和队友们都热情地迎接我的到来，还有那些令人难忘的球迷，所以我会尽全力回报他们的信任和支持。在球场上，我希望拿出最好的表现。能够攻破皇家马德里的球门，我认为没有比这更好的开端了。"

加入塞维利亚，"即插即用"的斯特凡·约维蒂奇显然有一个高光的开始。在西甲赛场上，约维蒂奇的表现可圈可点。在国际米兰足球俱乐部缺乏出场机会的他在塞维利亚获得了主力位置，两次对阵皇马均取得进球，半个赛季贡献了6粒进球和4次助攻。回想在国际米兰足球俱乐部的时光，那6个月对约维蒂奇来说非常艰难。他在俱乐部没有上场竞技的机会，只能靠国家队的比赛来保持状态，在经历6个月没球踢的日子后来到塞利维亚并不容易，要知道在这里差不多每3天就有一场比赛要踢，约维蒂奇在这里收获了喜悦和成功。对于约维蒂奇来说，他十分感谢塞维利亚给他的这次机会，并且希望能够继续留在这里。

塞维利亚管理层也希望将这位黑山前锋永久留在队中。塞维利亚足球俱乐部主席何塞—卡斯特罗曾在接受采访时表示："斯特凡·约维蒂奇是一位非常优秀的球员，我们想要将其长期留在队中。"然而，可惜的是，约维蒂奇的转会费和工资对塞利维亚足球俱乐部来说有些太过高昂。最终，塞利维亚并没有留住约维蒂奇，约维蒂奇在这年夏天决定转投摩纳哥，开启了自己的法甲生涯。

摩纳哥足球俱乐部是"新天才"最好的跳板，并且，这里也同样适合那些有了一定比赛经验的球员。只有这些球员混搭在一起，一支球队才有机会去追逐冠军。年轻球员在这里可以学到很多东西，这也是一个展示自己能力的大舞台。

当斯特凡·约维蒂奇还在国际米兰足球俱乐部，正在考虑关于自己未来的问题时，就已经在考虑加盟摩纳哥足球俱乐部了。

斯特凡·约维蒂奇并没有考虑太久，在那通电话里，摩纳哥足球俱乐部已经打动约维蒂奇。摩纳哥队中现在有很多优秀的球员，雅尔迪姆是一位伟大的教练。摩纳哥拿到了上赛季的法甲冠军，基本上每年都能参加欧冠联赛。他有很多理由选择这支球队。他明白自己想要为这支球队效力，因此很快就决定了加盟摩纳哥。

在刚刚加入摩纳哥这支球队时，斯特凡·约维蒂奇得到了许多队友的帮助。约维蒂奇并没有将自己视作是基利安·姆巴佩（法国足球运动员）的替代者，也并没有感受到额外的压力。

对于斯特凡·约维蒂奇的职业生涯来说，摩纳哥足球俱乐部让他获得了更多的上场时间，享受到了足球的乐趣。约维蒂奇在过去随塞维利亚和黑山国家队踢了很多场比赛，也随国际米兰足球俱乐部进行了季前训练，当时一切都很顺利。在新赛季开始前，约维蒂奇并不急于去证明什么，也不在乎与其他球员做比较。他就是他，他想要的就是充分享受足球的乐趣，作为前锋就要争取尽可能多的进球。这是他眼下唯一的目标。当然，作为一位很有天赋的球员，现在又具备了非常丰富的比赛经验，约维蒂奇也期望自己能够收获成功，他需要做好充分的准备，拿实际行动来说话，在新赛季中取得一定的成绩。他依然有机会追回那个曾经被寄予厚望的自己，依然有机会证明自己的天赋并非浪得虚名，并且能最终遇见更好的自己。

波德戈里察的篮球王子

——尼古拉·米罗蒂奇

尼古拉·米罗蒂奇（1991—），著名的职业篮球运动员，出生于前南斯拉夫的黑山共和国，他的家乡是位于黑山西部的波德戈里察。尼古拉·米罗蒂奇13岁的时候在对篮球毫无了解的情况下开始进行篮球的专业学习。他的职业生涯开始于西班牙联赛，2014年进入NBA，效力于芝加哥公牛队。2015年5月，即入选NBA官方公布的2014—2015赛季最佳新秀阵容。2015年9月，尼古拉·米罗蒂奇代表西班牙参加了2015年欧锦赛，随队获得欧锦赛冠军。2016年1月，NBA官方公布2016年全明星新秀赛美国队和世界队阵容名单，他被挑选正式进入世界队。2018年2月从公牛队签入新奥尔良鹈鹕队。2019年2月加入密尔沃基雄鹿队。在NBA不断学习，使得他在篮球场上更加自信、出彩。2019年7月，他加入西班牙甲级联赛巴塞罗那篮球俱乐部；9月，巴塞罗那篮球俱乐部官方宣布与尼古拉·米罗蒂奇续约至2025年。

01 / 从害羞男孩到气场之王的蜕变之路

尼古拉·米罗蒂奇，1991年2月11日出生于前南斯拉夫的黑山共和国，2010年加入西班牙国籍，成为职业篮球运动员，司职前锋，效力于NBA芝加哥公牛队。米罗蒂奇的家乡在位于黑山西部的波德戈里察，米罗蒂奇的父亲是一个非常繁忙的生意人，平常基本没有时间关心米罗蒂奇的成长，所以米罗蒂奇的童年是和母亲在一起度过的。由于从小就爱踢足球，他的生活也更多地放在关注足球球星身上。有一天，当他发现自己的身高比他知道的最高的足球明星还要高的时候，他自己也感到非常惊讶。他的爷爷告诉每年都在不断长高的米罗蒂奇说，孩子，你应该去打篮球了，不要不接受现实。米罗蒂奇虽然告诉爷爷自己的爱好是足球，但最后还是听从爷爷的劝告去到当时非常有名的一所篮球学校学习。

而这所学校就是贾德兰·武亚契奇创办的，身高2.3米的贾德兰·武亚契奇在南斯拉夫打过20年的职业篮球，他在 1988 年退役之后创建了小丑篮球学校，但是当尼古拉·米罗蒂奇来到这所学校之后，贾德兰·武亚契奇开始了对他一对一的单独训练。可是对于当时的米罗蒂奇来说，脑子里对篮球并不上心，因为他中意的是足球，即使是在和教练在赛季之前苦练篮球基本功的时候，还是在想着足球。在教练的严格训练下，米罗蒂奇成长为了一个看起来像天生就具有篮球天赋的人，不仅有超高标准的跳投，而且控球能力也非常强大。在他 15 岁的时候，米罗蒂奇便被皇马的球探选中并带到了西班牙。

2010 年，尼古拉·米罗蒂奇踏上了前往西班牙的旅程。他来到了西班牙的首都马德里，在那里他注册了当地的青年篮球训练系统，踏上了新的征程。对于未来的憧憬是无限美好的，但是初到的困难却同样令人烦恼。当第一天上课的时候，他发现他要学习的所有科目都是西班牙语的，而他却什么都听不懂，所以在他听不懂课程的时候，便只能花时间在自己带来的那本词典上，每天安排几个词语来背诵学习。直到过了一段时间后，老师才发现这个班里的大个子所面临的困难，于是帮他选择了一对一的老师专门给他教授课程，并且让和他一起打篮球的伙伴帮他度过语言关。

在篮球场上，他不再是一个害羞的男孩，而是充满魅力，气场全开。大家都说，尼古拉·米罗蒂奇是一个天生适合大篮球场的人，在篮球场上自信、斗志昂扬、充满激情。在2010—2011赛季的欧冠联赛中，米罗蒂奇是队中的主要得分点之一，获得"欧冠联赛最佳新星奖"。2011年，米罗蒂奇与皇家马德里队签下了一份为期5年的续约合同。他记得自己在皇马取得的所有努力的成果，但依然像从前一样努力，甚至更努力。

当杜赫·杜卡恩在美国波特兰参加2010年的耐克篮球峰会的时候，他还是一个马上步入大学二年级的学生，作为世界队的一员，他负责对抗拥有凯利—欧文的美国队，在世界队里当然还有一名黑山人，那就是尼古拉·米罗蒂奇。由于克罗地亚语和黑山语非常相近，所以杜赫·杜卡恩在实际生活中，充当了米罗蒂奇的生活翻译。他们整整一周，一起吃饭，一起训练，一起比赛，一起打发时间。在他们的谈话中，杜赫·杜卡恩提到了他的父亲，而在之后的一次锦标赛上，他还见到了他的父亲，互相问候，可这不仅仅是简单的问候，这次见面影响了米罗蒂奇之后的生活。他的父亲伊维卡·杜坎年轻时在公牛队做兼职星探，在1992年时还被任命为了欧洲球探的总监。公牛的总经理是在耐克篮球的峰会上见到米罗蒂奇打球的，虽然他已经看过了伊维卡·杜坎写的推荐报告，但是只有亲眼看到才肯放心。当时他看到的一切让他震惊，惊人的身高，具有多重球场技能，传球、控球、得分，样样都做得让人如此惊艳。因此公牛队非常想要拿下米罗蒂奇，并为此计划了交易。公牛队看起来似乎等不及米罗蒂奇之前的合同结束，但是米罗蒂奇表示，在被选中之后，他还必须完成在皇马的合同。公牛队非常尊重他的个人意愿。之后米罗蒂奇找到了杜赫·杜卡恩询问自己将来在公牛的定位，他告诉米罗蒂奇，不需要考虑其他问题，他相信米罗蒂奇一定会打得很好。就这样他开始准备正式加入公牛队。

说起尼古拉·米罗蒂奇的婚姻，还和他的教练贾德兰·武亚契奇有关。在米罗蒂奇13岁的时候，贾德兰·武亚契奇便担任他的教练。在与教练相识之前，米罗蒂奇甚至都没有碰过篮球，更别说能有现在的成就。他和教练无话不谈，关系非常好，教练把米罗蒂奇看做自己儿子一般。在和教练的一次谈话中，米罗蒂奇向教练坦白，自己和他的女儿在一起了。"教练大概停顿了五分钟，没有说话"，米罗蒂奇曾笑着回忆道。大概是在和教练坦白事实的一年之前，他去教练家里吃晚饭，便对教练的女儿一见钟情。他和教练的女儿在 2012 年 6 月结婚了，并且他们的第一个儿子在次年 5 月份出生，取名为亚历山大。可是在儿子出生之后的一个月，他又被另一件事所困扰，就是面临着自己接下来的职业选择。他当时在皇马已经打了 4 年的球，到 6 月这个赛季就要结束了，他当时有几天的时间可以决定自己去哪里。当他在 2010 年第二十三顺位的时候被休斯敦火箭选中了，然后被转手交易到了芝加哥。其实在马德里最后一个赛季结束之前，他经常和朋友见面，见面谈话的主题都是公牛俱乐部。直到赛季真正快要结束时，他去公牛的可能性也变得越来越大。在选秀过去 3 年之后，公牛终于正式和米罗蒂奇谈论合同的相关事宜。他们推测此次的买断费大概为 310 万欧元，而这个正好是公牛可以承受的范围之内。直到皇马在之后的一场比赛中输掉，他还在犹豫着，他很喜欢公牛，但依然考虑要不要在马德里再待一年。在被选中的3年里，他两次被提名为22岁以下欧洲联赛的最佳球员，在2013年皇马拿下冠军的那个赛季里，他还是西班牙联赛的MVP（最有价值球员）。现在加盟芝加哥，便可以借此机会支付自己的买断费。他在之后的几天摇摆不定，是过现在安定的生活，还是选择自己一直所向往的地方。似乎此时留在马德里再安稳地待上一两年也还不错，可是心里却一直有个声音再召唤他。2014年在新的赛季开始之前，他终于下定决心，加盟美国NBA公牛队，并认为自己真的已经准备好了。

在尼古拉·米罗蒂奇看来，选择去NBA是因为对于篮球运动员来说，是无限的荣耀与挑战。在这里意味着你要改变自己，因为在这里打篮球是和自己以前在欧洲打篮球不一样的。他这次来NBA不是为了金钱，对于他来说，他已经有足够的钱了。他来到NBA只是想要在这种有挑战的氛围中继续成长。在这里，能让自己学的更多，变得更强。虽然在马德里打了五六年的球是他一生中非常美好又难忘的经历，但是，此时此刻，他需要一个全新的环境去改变自己，提高自己。

在 NBA，大家调侃说唯一认为米罗蒂奇英语说得不好的就是他自己，其实大家都能听懂他所要表达的是什么意思。总体来说，尼古拉·米罗蒂奇在 NBA 适应得非常好，他在季前赛投出了 35% 的三分命中率。虽然在适应的过程中，还会有错误出现，但是总体来说，他适应的不错。对他来说非常明显的变化就是训练的时间，由原来每天训练 90 分钟变为了两三个小时。直到现在，所有的时间对他来说都是挑战，他在学习新的东西，蜕变成一个更好的自己。

02 / 初出茅庐问鼎篮球之巅

尼古拉·米罗蒂奇的职业生涯开始于西班牙联赛，2014 年进入 NBA，2014—2015 赛季入选最佳新秀阵容第一阵容，2015 年随西班牙队获得欧锦赛冠军。尼古拉·米罗蒂奇加盟的第一支球队是西班牙皇家马德里队。在 2010—2011 赛季的欧冠联赛中，米罗蒂奇是队中的主要得分点之一，获得"欧冠联赛最佳新星奖"。尼古拉·米罗蒂奇在国家队的表现非常出彩，在 2010 年 7 月尼古拉·米罗蒂奇加入西班牙籍，并代表西班牙国青队出征了 2010 年的 20 岁以下欧锦赛，获得铜牌的好成绩。2015 年 9 月，尼古拉·米罗蒂奇代表西班牙参加了 2015 年欧锦赛，随队获得欧锦赛冠军，米罗蒂奇场均上场 24.9 分钟，得到 11.4 分、4.9 个篮板和 1.4 次助攻，投篮命中率为 53.4%。2016 年 6 月 3 日，西班牙男篮公布了征战里约奥运会的 24 人初选大名单，尼古拉·米罗蒂奇入选。7 月 28 日，米罗蒂奇入选国家队最终 12 人大名单。8 月 18 日，在里约奥运会男篮 1/4 决赛中，米罗蒂奇全场得到 23 分、5 个篮板和 2 次助攻，帮助西班牙以 92-67 战胜法国，晋级四强。2011 年，米罗蒂奇与皇家马德里队签下了一份为期 5 年的续约合同。

2011 年 6 月，尼古拉·米罗蒂奇参加 NBA 选秀大会的时候，在首轮第二十三顺位被休斯敦火箭队选中。而且因为米罗蒂奇当选为球场新秀，还改变了我们对于最佳新秀投票的看法。

通常，这个奖项的获奖者都获得了大量的出场时间。实际上，在这个奖项 62 年的历史上，没有一个获奖人的场均上场时间低于 29 分钟。相比而言，在米罗蒂奇 NBA 生涯的前 30 场比赛中，他的场均上场时间仅为 18.3 分钟。当时大家的问题聚焦于：这个奖项是为一名有充裕上场时间的球员还是为那名最优秀的球员而设立？难道它只能是一个基于定量的奖项？最佳新秀理应获得最多的出场时间，毕竟他是最优秀的。但这两件事并无必然联系。

由于一系列特殊的境况，尼古拉·米罗蒂奇处于一个特殊的位置：相比于其他新秀，即使他越打越好，他的上场时间还是比其他新人少。就有专家做出过相关推测，若是处在一种特殊的情境下会怎么样。通常来说，最佳的球场新秀们理应获得最多的出场时间。他们都是优秀的球员，因此他们才会在高顺位被选中，而正因他们在高顺位被选中，他们都身处弱队。由于他们身处弱队，他们打得更多。因此，在第一轮末尾和第二轮被选中的新秀很少有机会染指最佳新秀奖。事实上，65 位最佳新秀获奖者中有 19 位是当届的状元。相比而言，仅有 2 位(1987 年 18 顺位的马克·杰克逊，1957 年 60 顺位的伍迪—桑德贝里）在 12 位之后被选中。贾巴里·帕克曾是最典型的最佳新秀候选人。这位 2014 年的榜眼在一只正在上升的队伍中打出了亮眼的数据。他曾是包括 NBA 在内的大多数人眼中的最佳人选。但现在，由于膝盖前交叉韧带撕裂，帕克不得不提前告别了这个赛季，而关于最佳新秀的讨论也随之改变了。但本赛季，除了状元安德鲁·威金斯（场均上场 31 分钟获得 12.8 分及 3.9 个篮板）以外，没有一名新秀能达到这条常规的高顺位—高输出的数据及格线。但如果那名最佳新秀被一支有竞争力的球队在稍靠后的顺位选中呢？这就是在 2011 年第二十三顺位被选中的米罗蒂奇所处的情况。由于他当时刚与皇家马德里队签了份新合同并无法在未来三年内登陆 NBA，但是从那个时候开始，他在球场上的出色表现让他成为欧洲最优秀的 NBA 潜力股。在上届选秀大会前，就已经有不止一只球队曾提供前 10 的签位想要与他合作。在 2011 年夏天，公牛队签下了退役之后可能会入选名人堂的球员保罗·加索尔。他们在本就拥有了最佳防守球员乔金—诺阿以及具备首发实力的大前锋泰—吉布森的殷实前场中添加了加索尔。而这之后，他们又邀请了米罗蒂奇。

跟其他的 NBA 新秀相比，把尼古拉·米罗蒂奇和加索尔与吉布森放到一起，米罗蒂奇被夹在了一个非常尴尬的位置。在通常情况下，他们前面签订的 3 个球员应该已经能作为此时较弱的队伍里的领导先锋，所以在这样的尴尬位置使得米罗蒂奇甚至算不上球场能力者的前三位。当然，米罗蒂奇上场时，他毫无疑问是这个赛季最有效率的新秀，并且相关部门的数据分析更加证实了这一点。有数据将球员新秀的贡献值包括得分、篮板、助攻、抢断、封盖等项目最高的 10 位新秀做了详尽的比较，米罗蒂奇占居高位。其实当米罗蒂奇在球场上时，他从各个方面来看都非常优秀。无论是通过相关专业数据的分析，还是从比赛现场的实景分析，他的表现都超过了联盟中的每一个新秀，甚至包括贾巴里·帕克。当时球迷担心，如果米罗蒂奇身处一只弱队，那么他的效率会受影响，使得他个人成绩下降。这么想非常合情合理，因为这种情况会让他面对更多的防守压力，而且会影响他的球场效率。虽然他的球场效率有所下降，但是除此之外，他的球场使用率却上升了。我们没有必要为了一个优秀球员加入相对较弱的球队而担心；反之，一个球员被相对较强的球队选中也不应该被无视。这就是关于在米罗蒂奇被当选为新秀之后所引发的巨大讨论。

不过在被休斯敦火箭队选中之前，由于火箭已经同森林狼和公牛达成了一笔交易，所以被火箭队选中的尼古拉·米罗蒂奇被交易到了芝加哥公牛队。不过，米罗蒂奇并没有立马征战 NBA，而是继续留在欧洲，从 2014 年开始他才征战 NBA。而之后的成绩使得他顺利驰骋于 NBA 球坛。

进入 NBA 之后，尼古拉·米罗蒂奇的适应能力还是不错的，第一个赛季场均就砍下 10.2 分及 4.9 个篮板，并且打满 82 场，他入选了最佳新秀阵容第一阵。第二个赛季，他场均砍下 11.8 分及 5.5 个篮板。本来以为米罗蒂奇的职业生涯或许将迎来新的开始，遗憾的是，球队主帅霍伊博格"雪藏"了米罗蒂奇，让其第三个赛季的数据只有场均 10.6 分及 5.5 个篮板。甚至于，米罗蒂奇不被"雪藏"后还有了心理上的问题，得到巴特勒和韦德的鼓励后才再次发挥。所以有时候，能遇见适合自己的教练，也不是一件容易的事情。

对尼古拉·米罗蒂奇来说，许多人都很清楚他的技术特点，他是一名很能得分的运动员，投篮手感非常柔和，上个赛季与朗多的搭配，令人印象深刻。米罗蒂奇是一名空间型的前锋，脚步非常灵活，得分手段也比较多样。不足之处则在于，他的运动能力有些平庸，在防守端只能算平均水平，甚至还达不到这样的标准。但是，米罗蒂奇在NBA里面迅速融入的能力令人印象深刻。米罗蒂奇在NBA表现最好的第二个赛季，三分球命中率达到了39%。在整个职业生涯里面，他的三分球命中率也有35%的水准。

2014年7月14日，芝加哥公牛队和尼克拉·米罗蒂奇达成签约协议；7月19日，双方正式签约，米罗蒂奇正式加入公牛队，合同期为3年。当时有报道指出加盟公牛的欧洲之星尼古拉·米罗蒂奇成为NBA历史上最贵的欧洲新秀，新赛季他的年薪为530万美元，比2006年被猛龙选中的状元巴格亚尼新秀赛季年薪多出80万美元。米罗蒂奇早在2011年就被火箭在首轮第二十三顺位选中，遵从选中前的协议，他很快就被送到了公牛队。不过当时米罗蒂奇一直没有加盟NBA，而是在西班牙联赛效力于皇家马德里。

这位黑山大前锋一度凭借出色的表现成为队内最具威胁的攻击点。当月14日，米罗蒂奇以3年1700万美元的合同正式加盟公牛队。在今夏球员新合同普遍偏高的情况下，他也不经意创造了一个纪录——NBA历史上最贵的欧洲新秀。除了巴格亚尼之外，2011年被爵士在第三顺位选中的土耳其中锋坎特，新秀年薪为410万美元。更早的新赛季将与米罗蒂奇成公牛队友的加索尔新秀年薪是309万美元，而帕克只有70万美元。

2014年11月22日，在公牛队客场87：105不敌波特兰开拓者队的比赛中，尼古拉·米罗蒂奇得到24分、11个篮板，创2014届新秀得分新高，并追平2014届新秀单场比赛的篮板纪录。2014年12月20日，在公牛客场103：97击败孟菲斯灰熊队的比赛中，尼古拉·米罗蒂奇得到27分，其中三分球6投6中，又刷新了NBA生涯单场得分纪录。2015年1月6日，NBA官方宣布尼古拉·米罗蒂奇当选12月东部最佳新秀。米罗蒂奇12月场均可得9.9分、5.7个篮板，投篮命中率为43.9%，均排在东部新秀第二。米罗蒂奇是1981年以来第七位获此荣誉的公牛球员。

2015 年 1 月 29 日，NBA 官方公布 2015 全明星新秀挑战赛名单，尼古拉·米罗蒂奇入选国际新秀队。2015 年 3 月 2 日，在公牛主场 86-96 不敌洛杉矶快船队的比赛中，尼古拉·米罗蒂奇得到生涯新高的 29 分和 9 个篮板。2015 年 3 月 6 日，在公牛主场 108-105 战胜俄克拉荷马城雷霆队的比赛中，尼古拉·米罗蒂奇获得 16 个罚球，刷新职业生涯单场罚球数纪录。2015 年 4 月 4 日，NBA 官方宣布尼古拉·米罗蒂奇当选东部 3 月最佳新秀。米罗蒂奇 3 月场均可得 20.8 分，排在所有新秀第一位，场均 7.6 个篮板和 1.2 个盖帽排在所有新秀第二位，有 8 次得分达到 20 分。2015 年 5 月 19 日，NBA 官方公布了 2014—2015 赛季最佳新秀阵容，尼古拉·米罗蒂奇入选最佳新秀阵容第一阵容。在 2014—2015 赛季，尼古拉·米罗蒂奇代表公牛出战 82 场常规赛比赛，场均得到 10.2 分和 4.9 个篮板。

在 2015—2017 赛季中，米罗蒂奇更是突飞猛进，从一名初出茅庐的球场新秀变为真正的球场之星。

尼古拉·米罗蒂奇在进入 3 月份的 8 场比赛中表现出色，直追威金斯的最佳新秀宝座。这位和火箭擦肩而过的前西班牙联赛 MVP 已经在 NBA 里找到了自己的舞台。本赛季公牛一直受伤病困扰，罗斯、巴特勒、诺阿相继倒下，进入 3 月份以来，公牛 8 场比赛输了 5 场。然而，在这样的情况下，有一位球员依然在为公牛球迷带去希望，他就是来自欧洲的天才前锋米罗蒂奇。进入 3 月份以来，米罗蒂奇 8 场比赛场均贡献 19.5 分、8.6 个篮板、1.4 次助攻、1.1 次盖帽，是目前表现最火爆的新秀。尽管威金斯依然在官方新秀排名榜上一枝独秀，但实际上，对比 3 月份的表现，威金斯场均 16 分、4.3 个篮板、1.5 次助攻、1 次抢断的数据是不如米罗蒂奇的。

虽然在当时尼古拉·米罗蒂奇只是 NBA 的菜鸟角色，但是对于外界来说，他在 14 岁的时候就扬名欧洲赛场，从 2006 年开始就为西班牙篮球联赛的豪门球队皇家马德里的青年队打球，2008 年开始正式为皇家马德里效力。在随队征战 2010—2011 赛季的欧洲冠军联赛期间，米罗蒂奇凭借出色的表现荣膺"最佳新人奖"，在出战的 20 场比赛中，米罗蒂奇场均得到 15 分钟时间，贡献 6.6 分、3.3 个篮板。2011 年，他和皇马续约了一份 5 年长约。在为皇马效力期间，他还帮助球队赢得了国王杯、超级杯等荣誉，他本人也荣膺过西班牙联赛的 MVP、国王杯的 MVP。因此当时取得如此骄人的成绩，外界也并不意外。和其他欧洲球员一样，米罗蒂奇擅长外线投篮，比如在 2013—2014 赛季，他在皇马的三分球命中率场均可以达到 46.1%，在西班牙征战的生涯中，他的三分准星也达到了 40.2%。尽管本赛季米罗蒂奇的外线命中率并不是很抢眼，才 32.6%，但这多半和他刚刚进入 NBA 尚未充分适应比赛体制有很大的关系。和其他欧洲球员不同的是，米罗蒂奇的持球进攻能力很强，数据显示米罗蒂奇的二分球出手中非受助攻比例占 4 成，这在 NBA 联盟是中游水准。另外，本赛季米罗蒂奇在三秒区里出手达 138 次，命中 80 球，命中率高达 58%，而其中有 42.5% 的比例都是非受助攻的情况下出手。另外，米罗蒂奇的篮球基本功相当不错，左、右手能力均衡，协调性好，这也让他成为同样身高、位置的球员中运球能力出众的一个。在制造犯规上，米罗蒂奇也很擅长，本赛季场均 3.1 次罚球，是新秀球员中排名第二的，仅次于状元威金斯的 4.7 次。同样地，米罗蒂奇场均 2.4 个罚进罚球数也排名新秀的第二位，落后于威金斯的 3.5 个。进入 3 月份来，米罗蒂奇在 8 场比赛中场均得到 7.9 次罚球机会，罚进 6.4 球。而且他还曾在对阵雷霆的比赛中有过单场 16 罚的表现，创造了本赛季的新秀最高纪录。而本赛季打到现在，米罗蒂奇创造了 82 次投篮犯规，再结合他目前一共 440 次出手来看，创造犯规的比例达到 15.7%，这一数字甚至超过了雷霆悍将维斯布鲁克（15.1%）。对当时的公牛来说，拥有米罗蒂奇算是一件非常幸运的事情。

当然，尼古拉·米罗蒂奇的成功和公牛队内伤病情况频发有直接关系。在巴特勒、吉布森受伤之后，公牛给米罗蒂奇的出场时间、出手权均大幅增加，若从吉布森也开始休战的 3 月算起，米罗蒂奇的场均出战时间从 2 月份的 14.3 分钟暴升到 32.6 分钟，场均出手次数也从 5.8 次提升到 14.4 次。对于向来要求严苛、更信任老将的锡伯杜教练来说，能够对米罗蒂奇如此重用，排除客观伤病影响不提，米罗蒂奇自身实力也是硬道理。随着季后赛临近，米罗蒂奇很可能还会为公牛带来更多惊喜。

2016 年 1 月 28 日，NBA 官方公布 2016 年全明星新秀赛美国队和世界队阵容名单，这份名单之中便有尼古拉·米罗蒂奇的名字，他被挑选正式进入世界队。对于米罗蒂奇来说，这是具有历史纪念意义的时刻，是值得被记住的时刻。伴随着这样的时刻，米罗蒂奇球场的精彩之路又再次开启。在 2016 年 3 月 24 日，以公牛主场对阵纽约尼克斯队的比赛之中，尼古拉·米罗蒂奇以替补的身份共出战 34 分钟，得到 35 分、6 个篮板，刷新自己在 NBA 的球场生涯单场得分最高纪录。 回顾 2015 年到 2016 年整年的赛季之中，尼古拉·米罗蒂奇代表公牛队共出战 66 场常规赛比赛，每场均能够得到 11.8 分和 5.5 个篮板，球场发挥非常稳定，也得到了众人的认可与赞扬。

　　在 2016 年到 2017 年的赛季之中，米罗蒂奇同样不负众望。在 3 月 31 日，公牛主场 99-93 战胜骑士，在这场比赛之中，尼古拉·米罗蒂奇仅仅出场 38 分钟，却得到 28 分和 10 个篮板，这其中的得分共有三分球 11 个，其中投中 6 个，在第 2 场比赛至少投中了 6 个三分球，成为公牛队史上首位连续两场比赛至少投中 6 次三分的球员，他的出色表现得到全场的喝彩。 在 9 月 25 日那天，尼古拉·米罗蒂奇与公牛队达成一份 2 年的合同协议。

在 2017 年，公牛签回尼古拉·米罗蒂奇，外界纷纷猜测其中的原因。对如今的公牛来说，球迷们不用看也知道，基本处于重建期，因为，巴特勒被交易去了森林狼，朗多被裁掉了，韦德也被买断了。不过对公牛来说，球队目前还有不少年轻人，比如拉文，一名证明自己具备场均拿下 20 分能力的球员，再比如邓恩，曾经被认为是 2016 届新秀里面最攻守兼备的一名控卫，只可惜被卢比奥压制了一个赛季，再比如今年选秀大会上公牛选中的马尔卡宁。

即便球队的希望在未来，而球队也意图重建。公牛队还是续约了尼古拉·米罗蒂奇，合同的薪酬也非常诱人。并且第一年的米罗蒂奇居然还有交易否决权，不过第二年则是球队选项。

许多人很好奇的是，球队选中了马尔卡宁，为何还要签回尼古拉·米罗蒂奇。众所周知，马尔卡宁出生于 1997 年，目前才 20 岁，符合球队着眼未来的年纪。而且，马尔卡宁还有"芬兰司机"的称号，也就是说，他也是一名以投射能力见长的前锋。在今年第七顺位他被选中，然后机缘巧合来到了公牛。在刚刚过去的欧锦赛上，马尔卡宁场均可以砍下22.6 分和 6.2 个篮板的数据。但在此前的夏季联赛上，马尔卡宁场均只有 14 分，而上赛季在大学里面，马尔卡宁的三分球命中率达到了 42.3%。在欧洲赛场上，马尔卡宁似乎表现更加出色。那究竟是什么原因让公牛队选择了米罗蒂奇呢？

专家推测公牛签回米罗蒂奇，第二年球队选项或许想让其扮演马尔卡宁导师角色。因为，米罗蒂奇融入 NBA 的快速能力是值得马尔卡宁学习的。马尔卡宁在夏季联赛中表现一般，这背后可能不是技术的问题，而是融入的问题。这一点米罗蒂奇或许可以帮助他。难说也是因为这样的原因，公牛选择签回米罗蒂奇，而合同也只是两年，而第二年还是球队选项，也就是说，若是马尔卡宁用一年时间融入了，那么米罗蒂奇则可能离开了，若是还不行，那就给你第二年的时间。或许这才是公牛签回米罗蒂奇的真正原因。但所有的原因都只是多方猜测的结果。

对于尼古拉·米罗蒂奇来说，他马上将进入到他职业生涯的第四个赛季，过去的一个赛季中，他代表公牛队一共打了 70 场比赛，其中 15 场是首发。他场均可以得到 10.6

分和 5.5 个篮板，投篮命中率为 41.3%，三分球命中率为 34.2%。过去的一个赛季中，米罗蒂奇一共命中了 129 记三分球，是球队中最高的。上个赛季季后赛期间，米罗蒂奇在对阵凯尔特人的系列赛中，场均出战 27 分钟，可以得到 8.7 分和 5 个篮板，投篮命中率为 34%，三分球命中率为 28.6%。而整个职业生涯中，米罗蒂奇场均出战 22.9 分钟，可以得到 10.8 分和 5.3 个篮板，投篮命中率为 40.9%，三分球命中率为 35%，可以说球场表现非常出色。

对于吉米·巴特勒来说，他甚至可以说从来不会错过分享球的机会。尼古拉·米罗蒂奇因此很好地利用了自己空位投篮的优势。正是有了球场上的这种正气之风，芝加哥公牛在 3 月 27 日的比赛中与密尔沃基雄鹿队在下半场拉开了比分，以 109 比 94 战胜对手，跟上了争夺东部季后赛席位的步伐。在这场比赛中与米罗蒂奇夺得 28 分，和自己本赛季的单场最高分持平。巴特勒有 20 分和职业生涯新高的 14 次助攻进账。这是巴特勒连续第三场助攻上双的比赛，同时他也是芝加哥的队内得分王。巴特勒说："我的口头禅就是把球传给处于空位的队友，无论是比赛的开始阶段还是结束阶段。"芝加哥已经赢得了 3 场比赛中的 2 场，这 2 场比赛巴特勒都获得了两位数的助攻，米罗蒂奇都得到了 28 分。在对阵雄鹿的比赛中，由于巴特勒和拉琼·隆多迫使防守者收缩防线，米罗蒂奇是获得空位出手的直接受益者。密尔沃基前锋克里斯·米德尔顿说："我认为我们今天晚上没有像往常一样信任自己的防守。巴特勒和朗多今晚做得棒极了，他们使我们的防守崩溃并且始终可以找到空位的队友。"公牛的常规赛还剩 8 场比赛，赛程对于他们留在季后赛对阵表里是比较有利的，甚至在今天的比赛之前，芝加哥与底特律战绩持平，都与迈阿密相差 1.5 个胜场。公牛本赛季常规赛与密尔沃基雄鹿队的全部比赛战绩为 1 胜 3 负，险些被中央区的对手横扫。教练弗雷德·霍伊博格则在比赛之后表示，希望他的球队可以通过这场胜利为之后的比赛蓄力——他们要连续面对卫冕冠军骑士和基本锁定季后赛的老鹰。在篮板球方面，公牛也以 49 比 34 领先密尔沃基雄鹿队。"我们必须明白是什么使我们成功的"，霍伊博格说。"当我们像今天一样努力转移球，把对手逼迫到他们不喜欢的位置，还有当我们开始抢篮板球的时候，我们也会离成功更近一步"，教练弗雷德·霍伊博格如是总结说。

03 / 夺人眼球的大个子前锋

2017 年 9 月 25 日，尼古拉·米罗蒂奇和公牛队达成续约协议，合同为期两年，价值 2500 万美元。

2018 年 1 月 29 日，公牛主场 96 ：110 不敌雄鹿，尼古拉·米罗蒂奇出场 28 分钟，得到了 10 分和 5 个篮板，其中三分球 5 投 2 中，职业生涯公牛时期累计命中 452 个三分球，超越史蒂夫·科尔的 450 个三分球，排名升至公牛队史三分球命中数排行榜第 5 位。

2018 年 2 月 2 日，新奥尔良鹈鹕队送出欧米尔·阿西克、托尼·阿伦、贾马尔·尼尔森以及一个 2018 年受保护首轮签，从公牛队交易得到尼古拉·米罗蒂奇。米罗蒂奇加入鹈鹕队。

2018 年 2 月 11 日，鹈鹕队客场打出双加时，最终以 138 ：128 战胜篮网，尼古拉·米罗蒂奇出场 49 分钟，得到 21 分、16 个篮板、5 次盖帽，刷新职业生涯单场篮板纪录，追平职业生涯单场盖帽纪录。

2018 年 4 月 8 日，鹈鹕队在客场以 122:103 战胜了太阳队，本场比赛尼古拉·米罗蒂奇得到了 31 分和 16 个篮板，这是他个人生涯首次单场得到至少 30 分和 15 个篮板。

2018 年 4 月 15 日，鹈鹕队季后赛首场比赛在客场战胜了开拓者队，尼古拉·米罗蒂奇出场 40 分钟，15 投 6 中，得到 16 分、11 个篮板、2 次助攻、2 次抢断、4 次盖帽。这是米罗蒂奇个人季后赛生涯首次得到两双的数据。4 次盖帽这也创造了他个人季后赛生涯单场盖帽次数的新纪录。

2018 年 4 月 20 日，鹈鹕队在主场以 119∶102 战胜开拓者队，本场比赛尼古拉·米罗蒂奇得到了 30 分，继续刷新了他上一场创造的个人季后赛生涯单场得分纪录。

2018 年 5 月 5 日，鹈鹕队在主场以 119∶100 战胜勇士队，本场比赛尼古拉·米罗蒂奇得到 16 分和 13 个篮板，这是米罗蒂奇个人季后赛生涯第三次得到两双。

2018 年 10 月 20 日，鹈鹕队主场 149∶129 战胜国王队，尼古拉·米罗蒂奇出场 31 分钟，得到 36 分、9 个篮板、2 次助攻。36 分的单场得分创下了米罗蒂奇职业生涯常规赛单场得分新高。

2019 年 2 月 8 日，尼古拉·米罗蒂奇被鹈鹕队交易至密尔沃基雄鹿队。

2019 年 7 月 6 日，西班牙甲级联赛巴塞罗那篮球俱乐部官方宣布签下尼古拉·米罗蒂奇。加盟巴塞罗那篮球俱乐部的首个赛季，米罗蒂奇场均能够得到 19.5 分和 5.7 个篮板。米罗蒂奇从此离开 NBA 赛场。

2020 年 6 月 27 日，西班牙甲级联赛官方宣布，巴塞罗那前锋尼古拉·米罗蒂奇当选 2019—2020 赛季西甲联赛 MVP。

2020 年 9 月 25 日，巴塞罗那篮球俱乐部官方宣布与尼古拉·米罗蒂奇续约至 2025 年。

尼古拉·米罗蒂奇的体型、平衡能力、移动能力和臂展都非常好，投篮手感柔和，中远投比较稳定，是一个技术娴熟的低位得分手，可以运用多种脚步。运球能力不错，两只手都可以运球。转身后的左右手勾手，转身跳投，45 度打板投篮是他的主要得分手段。他的传球视野不错，能够和队友做高低位配合，防守端、防挡拆不成问题。

尼古拉·米罗蒂奇属于技术娴熟的双能锋，能够控球、投篮和传球；比赛感觉出众，球风积极；运动能力不是顶级，篮板一般。米罗蒂奇是一位颇具潜力的大个前锋，并且在2010—2011 赛季中，他的潜力已经逐步转化为实力，他是皇家马德里队打入欧冠四强的主要功臣。

尼古拉·米罗蒂奇凭借着自己现有的实力努力地去增加对于球场的掌控能力，也在花费大量的时间去弥补自身情况的不足，朝着更加专业的篮球运动员的方向迈进。这位刚刚 30 岁的大个子前锋正意气风发，前途无量。

后　记

　　“一带一路”相关国家众多，代表性人物众多，为中外交好、民心相通作出杰出贡献的人士众多。因此，为“一带一路”璀璨群星立传，既使命光荣，又责任重大。在这项浩大工程的策划、组织、执行过程中，有许许多多的志士参加了有关传主的名单征集和审定，以及写作、翻译、审读、编辑、出版、筹资、联络等繁重而琐细的工作。所有参与的人员，以拳拳报国之心、尽深厚学养之力，克服了时间紧、任务重、要求高、压力大等诸多困难与挑战，最终圆满完成了任务。在本书付梓之际，丛书编委会特向参与本项目的全体同志致以崇高敬意和衷心感谢！

　　同时特别需要鸣谢的是，提出策划并领导实施此项目的中国传记文学学会会长王丽，基于长期法律实务经验和担任“一带一路服务机制”主席职务的便利，她对相关国家和走出去的"一带一路建设者"以及广大青少年的需求了解真切，提出应当为他们写一套介绍各国典型人物的简明易读的传记，为他们提供健康的精神食粮。她把这项"额外"的工作当成了事业，不惜四处奔走筹集经费、苦口婆心招揽作者、精心挑选传主名录、夙夜青灯挥笔写作、近乎偏执逐字推敲、亲力亲为呕心沥血。面对如此浩大的出版项目和繁重的出版任务，中国出版集团华文出版社、中联部当代世界出版社、五洲传播出版社三家出版社携手毅然承担了出版任务，努力将该传系图书列入国家的重点出版工程，以高质量的编辑和装帧，确保了这套百卷丛书的国家级水平。在此，我们特向这三家出版社的相关领导和编辑们致以崇高敬意和衷心感谢！

尤其让我们感动的是，在项目执行过程中，一些富有家国情怀的民间商会和企业家的慷慨解囊，虽不足以支撑项目的全部费用，但是他们所表现出的热心和支持，让我们坚定了走下去的信心和决心，特向他们的拳拳报国之心和慷慨无私帮助致以崇高敬意和衷心感谢！

一项伟大的事业，离不开许多默默无闻的奉献者。在本传系的组织、编写、出版过程中，有历史、文学、科研、外交、教育、法律、翻译、出版等领域的数百位专业人士参与，恕不能在此处一一详列。需要特别提出的是，鞠思佳、李华华、景峰等同志为组织联络、搜集资料到处奔波而毫无怨言，唐得阳、唐岫敏、白明亮、谭笑、曹越等同志在编写、翻译和编辑、校对过程中的细致与负责让我们感动，赵实、胡占凡、高明光、吴尚之、刘尚军、李岩、王灵桂、李永全、陈晓明、许正明、宋志军、丁云、关宏等同志睿智的指点和专业的帮助让我们避免了许多弯路。在此，我们特向以上各位同志致以崇高敬意和衷心感谢！

当然，由于我们水平所限，本丛书难免有某些不尽如人意和瑕疵之处，敬请学界专家和各位读者不吝赐教，我们将在作品再版之时吸收完善。在此，我们也向各位读者提前表示崇高敬意和深深感谢！

"'一带一路'列国人物传系"编委会

2023 年 3 月 28 日